아름다움이
우리를 구원할 때

Quand la beauté nous sauve

아름다움이
우리를 구원할 때

칸트, 헤겔, 프로이트 미학에서 행복을 찾다

샤를 페팽 지음 | 양혜진 옮김

얼숲

한 여자가 있다. 여자는 도시형 경차를 몰고 있고, 정체 구간에서 가다 서다를 반복하고 있다. 여자는 허리가 아파오는데, 전날보다 조금 더 심하다. 등허리 오른쪽 아래가 특히 아프다. 깜빡이등처럼 쿡쿡 쑤시는 고질적인 통증, 물리치료사도 덜어주지 못하는 통증이다. 여자는 자기가 하는 일을 더는 견딜 수 없고, 일할 때 상대해야 하는 인간들은 더더욱 견딜 수 없다. 직업을 바꾸려면 기운을 차려야 한다는 것을 여자도 안다. 하지만 아는 것만으로는 부족하다. 어쩌면 여자는 자신에게 그럴 기운을 불어넣어 주지 못하는 남자를, 오늘 저녁 자신과 거의 동시에 귀가할 그 남자를 나무라고 있는지도 모른다. 어쩌면 남자야말로 늘 축 처져 있는 여자를 나무라고 있을지도 모른다. 여자는 뭐가 뭔지 모르겠다고 생각한다. 누가 누구를 왜 나무라고 있는지도. 아이들은 다 컸다. 이제는 집에 들어가 품에 안을 수도 없다. 말랑말랑한 흰 빵 같은 아이들 살을 주무르면서 기력을 되찾을 수도 없게 되었다. 동글동글한 빵처럼 작고 귀여웠던 꼬마들이 어느새 덩치가 집채만 한 사춘기 아이들로 자랐다. 방금 앞차 운전자가 갑자기 급정거했고, 여자는 급브레이크를 밟아 가까스로 사고를 면한다. 바로 그 순간, 오른쪽 아래 등허리를 작은 칼로 찌르는 듯한 통증이 느껴진다. 전보다 더 날카롭고 더 끔찍한 통증이다. 울음이 터져 나올 것 같지만, 그럴 기운조차 남아 있지 않다. 여자는 손가락으로 라디오 버튼을 더듬고 있다는 사실조차 의식하지 못한다. 요란한 시그널 송도, 슈퍼마켓 광고도 들리지 않고, 세상사를 잊은 채 멍하니 앉아 있다. 채널을 돌리던 중 스피커에서 우연히 미셸 베르제의 목소리가 흘러나온다. 그 목소리는 순식간에 여자를 사로잡는다. 여자는 노랫말을 귀담아듣지도 않건만, 그의 목소리는 단조로운 피아노 선율을 타고 여자에게 말을 걸고, 멜로디가 여자를 채운다. 단박에 여자 안에서 무언가가 뭉쳤다가 이내 녹아내린다. 모든 고통이 잦아든다. 아름답다.

이런 미적 감동의 순간에는 아무것도 존재하지 않는다. 여자는 완전히 깨어나서 그곳에 오롯이 존재하며, 마침내 자신 앞에 그리고 세계 앞에 깨어난다. 아름답다. 그런데 실제로 무엇이 아름다운 것일까? 음악인가, 아니면 음악이 여자에게 불러일으킨 어떤 것일까? 우리는 이 점에 대해 다시 이야기할 것이다. 이런 감정은 오래 지속하지는 않지만, 영원을 닮았다. 이 미적 쾌락은 일종의 신호나 약속과 같다. 노래의 아름다움은 여자에게 모든 것이 시러지지는 않았다고 속삭이고, 여자의 마음속 깊은 곳에서 아직 꺼지지 않은 오래된 불씨를 다시 타오르게 한다. 여자가 자신에게 바라는 것, 삶에서 구하는 것, 즉 여자의 욕망을…. 이 여자의 이름은 뤼시다. 아름다움은 그렇게 자포자기의 순간에 뤼시를 구했다.

여자로부터 멀지 않은 곳에 한 남자가 서 있다. 이 남자는 열정적으로 여자를 유혹한다. 거의 직업이나 병에 가까운 수준으로 새로운 여자를 유혹하기 좋아한다. 남자는 여자들의 귀를 솔깃하게 할 말과 여자들에게 접근하는 수법을 꿰고 있으며, 여자들을 안심시키는 방법도, 딱 필요한 만큼 겁주는 방법도 알고 있다. 남자는 거리에서, 가게에서, 레스토랑에서, 회의실에서 여자들을 탐색한다. 우연한 만남이 촉발하는 흥분은 중독성 강한 마약처럼 번번이 남자의 의지를 꺾어놓는다. 하지만 그 순간, 남자가 서 있던 그 길에서 예기치 못한 사건이 벌어진다. 한 여자가 막 빵집에서 나오는 참이다. 갈색 머리에 투피스 차림의 여자는 볼로 흘러내리는 머리칼을 흩날리며 빠른 걸음으로 자기 차에 올라타고 있다. 처음으로 남자는 여자를 쫓아가거나 재치 있는 말을 찾아낼 마음이 생기지 않는다. 유혹할 마음도 없다. 남자는 단지 여자를 바라보고만 싶다. 걸음을 옮기는 여자의 규칙적인 동작을, 여자의 모습을…. 남자는 그 순간, 낯선 희열을 느낀다. 이렇게 바라보는 것만으로도 족하다고, 자신이 이처럼 사심 없는 기쁨도 느낄 줄 아는 사람이라는 사실을 새삼 발견한다. 여자의 아름다움이 그의 눈앞에 펼쳐진다. 남자는 더 바랄 것이 없다. 여자의 온몸을 구석구석 뜯어보지도 않고, 어떻게 접근할지 궁리하지도 않는다. 남자는 처음으로 성욕 없이 여자를 바라보며 아주 특별한 쾌락을 경험한다. 그렇다, 이것이 바로 미적 경험이다.

아름다움을 관조할 때 우리는 온전한 충족감을 느낀다. 남자는 자신이 새로운 육체를 쫓는, 사슬에서 풀려난 수캐와는 다른 존재로 느껴져서 흡족하다. 매혹된 채 한참동안 멍하니 서서 꼼짝도 하지 않는다. 멀어지는 여자의 모습을 보며 조용히 입가에 미소를 띠고 있을 뿐이다. 그 수캐가 사실 심미가(審美家)이기도 하다는 사실을 남자는 잊고 있었다. 이처럼 우리에게는 아름다움이 필요하다. 우리가 어떤 존재일 수 있는지 잊기 않기 위해.

교통 체증은 점점 심해져 오르세 박물관 일대까지 이어진다. 라디오 진행자는 방송이 끝나기 전 시답잖은 농담을 늘어놓느라 미셸 베르제의 노래를 중단한다. 뤼시는 잊지 말고 딸의 무용 강습료를 내야겠다고, 얼마 전 선금을 낸 물리치료비는 환불받아야겠다고 생각한다. 불과 몇 시간 전에 아들이 이 박물관에서 쿠르베의 작품을 봤다는 사실을 뤼시는 알지 못한다. 아들의 머릿속은 선생님이 들려준 이야기, 특히 사실주의의 태동을 알리는 작품 「오르낭의 매장」에 관한 이야기로 가득 차 있다. 아들은 배운 내용을 그림에서 확인하기는 했지만, 쿠르베의 명화 앞에 섰을 때 아무 감흥이 없었다. 그 작품이 아름다운 이유를 설명하는 이야기를 이전에 하도 많이 들어서, 아들은 그 그림에서 더는 아름다움을 발견할 수 없었다. 자신의 감흥, 자신의 판단이 들어설 여지가 없었기 때문이다. 현장학습이 끝나갈 무렵, 아들은 벌써 박물관에서 나간 뒤에 할 일에 온통 정신이 팔린 채 무심히 반 고흐의 「밤의 카페테라스」 앞을 지나간다. 그리고 갑자기 그림에 완전히 압도되어 걸음을 멈춘다. 주황빛 도는 노란색과 그 위로 펼쳐진 밤

반 고흐, 밤의 카페테라스

하늘의 암청색, 그리고 일렁이는 형상들…. 아들은 이 그림을 알지 못했고, 이야기를 들어본 적도 없었다. 그 독특한 아름다움이 불시에 아들을 사로잡고, 서둘러 출구로 향하던 발걸음을 잡아 세운다. 아들은 그 아름다움이 선사하는 마음속 여행에 마음이 끌리고, 바로 그 순간 느껴지는 자유로운 기분이 너무도 좋다. 이 작품이 아름답다는 것을 발견한 사람은 선생님이 아니라 바로 자신이다. 아들은 마음속에 자리 잡은 확신, 자신의 독자적인 판단에 대한 자신감이 흐뭇하다. 그것은 아름답다. 의심의 여지없이 아름답다. 이 역시 아름다움이 종종 우리에게 일으키는 현상이다. 아름다움은 우리의 자유를, 힘을, 자신을 믿는 능력을, 즉 **자신에게 귀 기울이는 능력**을 회복한다.

아름다움? 그렇다, 그 모든 아름다움 말이다. 자동차 라디오에서 불쑥 흘러나온 멜로디의 아름다움, 하늘빛 산봉우리와 바다 위로 깎아지른 듯 솟아 있는 절벽의 아름다움, 그림의 아름다움, 남자와 여자의 아름다움, 성당의 아름다움, 사물이 드러내는 아름다움까지, 아름다움, 아름다움들, 그 모든 아름다움 말이다.

이 책에서 우리 관심은 '무엇이 이 모든 것을 아름답게 하느냐'가 아니라, '아름다움이 우리에게 무엇을 하느냐'다. 우리는 서두부터 아름다움의 기준이나 시대에 따라 달라진 아름다움의 정의를 나열하지도 않을 것이고, 걸작들의 비밀을 파헤치거나 이미 잘 알려진 미의 황금률을 찾아내려고 하지도 않을 것이며, 눈 덮인 산봉우리의 아름다움 이면에 신의 얼굴이 숨어 있는지를 알아내려고 하지도 않을 것이다. 여기서 '무엇이 아름다움을 자아내는가?'라는 질문은 중요하지 않다. 나는 이 책에서 '아름다움이 우리에게 하는 일'이 우리가 살아가는 데 어디까지 도움을 줄 수 있는지 보여주고 싶다. 나는 십 대 시절, 그 나이에 종종 그러듯 방황하던 시기에 몇몇 음악의 아름다움이 나 자신을 깨닫고 발견하는 데, 어쩌면 발명하는 데 도움이 되었던 일을 기억한다. 나는 사랑하는 누군가를 떠나보내는 장지에서 무덤 위로 펼쳐진 하늘이 보여준, 마음을 뒤흔들던 아름다움을 기억하며, 그 풍경을 본 순간 내 안에 예기치 못했던 힘이 차올랐던 일을 기억한다. 그때 나는 우리가 함께 좋아했던 모든 것을, 모든 노래와 모든 풍경을, 아름다움이 우리 내면에 새겨놓은 모든 태도를 되짚어보았다. 그 아름다움에는 비록 죽음보다 강하지는 않아도 죽음에 굴복하지 않는 무언가가 있는 것만 같았다.

뒷날 철학 교사가 되자 아름다움이라는 주제는, 딱히 내가 선택하지 않아도, 점점 더 내 강의의 중심 주제로 떠올랐다. '아름다움은 왜 우리를 사로잡을까?' '아름다움은 왜 우리를 끌어당길까?' '아름다움은 행복의 약속일까?' '신앙에는 어떤 아름다움이 있을까? 사업에는? 사랑에는?' '아름다움이 우리 삶의 길잡이가 될 수 있을까?' '창의력, 통찰력, 결단력을 키우려면 아름다움을 알아보는 능력이 있어야 할까?' 나는 번번이 수업에서 학생들의 증언을 수집했다. 아름다움은 곳곳에서 우리를 도왔고, 일깨웠고, 해방했고, 불안하게 하면서도 흥미진진한 방식으로 진정시켰고, 그러면서도 활력을 주었다. 아름다움은 곳곳에서 삶을 더 강렬하게, 더 열려 있게, 더 충만하게 해주었다.

아름다움은 곳곳에서 치유했고, 아니면 적어도 치유를, 구원을, '탈출구'를 약속하는 것 같았다. 불안에서, 고통에서, 사실주의 혹은 편협한 합리주의에서, 씁쓸한 아이러니 혹은 자신감 부족에서 벗어날 구멍을 말이다. 이 책은 그렇게 쓰였다.

아름다움? '미적 감동'이라고 불러야 할 것이다. 단순히 관능적인 것도 아니고 정말로 지적인 것도 아닌 이 기이한 쾌락, 무상으로 주어지고 이해관계와 무관한 이 만족감, "아름다워."라고 말하는 순간 어느새 마음을 누그러뜨리는 이 확실성. 나는 당신 자신의 마음속으로 떠나는 여행의 길잡이가 될 것이다. 자, 이것이 참 별난 모험이라는 것을 인정하시라. '인간'이라는 동물인 당신은 심오한 것들에 끌릴 수밖에 없다. 삶, 신, 진리에 대한 깨달음…. 하지만 당신을 매혹하는 이 아름다움은 표면적이다. 그렇다, 표면적이다. 반 고흐의 「밤의 카페테라스」는 화포에 발린 주황색과 파란색 물감에 지나지 않는다. 즉, 흰색 화포라는 표면에 펼쳐진 몇 가지 형태와 색채일 뿐이다. 어떻게 표면적인 것이 우리 깊은 곳을 건드리는 힘을 발휘할 수 있을까? 빵집에서 나오는 투피스 차림 갈색 머리 여자도 마찬가지다. 유혹을 일삼던 남자는 이 여자에게서 과연 무엇을 보았을까? 남자는 여자의 불멸하는 영혼과 대면하지도 않았고, 여자가 추구하는 가치들, 어쩌면 여자가 기꺼이 목숨이라도 바칠 가치들을 발견하지도 않았다. 이렇듯 사실상 남자를 홀린 아름다움은 표면적인 것이었다. 이를테면 여자가 남자에게 등을 돌리기 직전에 드러낸 몇 가지 동작의 형태, 공간을 차지하는 방식, 옆얼굴에 떠오른 찰나적인 표정 같은 것 말이다. 뤼시를 사로잡은 노래의 아름다움도 본질적으로 표면적이다. 피아노 코드 세 개에 맞춰 가수가 단순한 낱말 몇 개를 흥얼거리는 것뿐이다. 그렇다면 이 토록 깊이 우리를 감동하게 하는 아름다움의 힘은 대체 어디에서 오는 것일까? 하물며 바다 풍경이 보여주는 아름다움은 말할 것도 없다. 형태와 색 말고 바다에는 아무것도 없지 않은가? 그 아름다움은 어디서 오는 것일까? 햇빛이 조금 덜 강하고, 물빛이 조금 더 탁할 때 우리는 풍경 따위는 의식조차 하지 않는다. 그러다가 햇빛이 강렬해져서 갑자기 바다가 투명하게 빛나고 문득 수면에 터키옥 빛깔 선이 나타나면, 그제야 우리는 넋 놓고 그 아름다움을 바라본다. 대체 무슨 일이 벌어진 것일까?

여느 동물과 달리 인간이라는 동물은 형태의 아름다움에 얽힌 기이한 역사를 이어온 것이 분명하다. 그리고 거기서 벌어지는 무언가는 아마도 우리의 비밀, 우리의 수수께끼, 즉 '인간 자신'이라는 수수께끼에서 비롯된 것이리라.

삶의 목표가 무엇이냐는 질문을 받으면 우리는 흔히 행복(우리 자신 혹은 부모나 자식의 행복), 건강, 성공, 사랑을 떠올린다. 그리고 조금 더 깊이 파고들면 권력, 쾌락, 영생 등 또 다른 대답들과 마주하게 된다. 하지만 우리는 결코 아름다움을 위해서 산다고 대답하지는 않을 것이다.

하지만 앞서 언급한 예에서 볼 수 있듯이 비록 우리가 우선적으로 추구하는 대상은 아닐지라도 아름다움에는 바쁘게 살아가는 우리를 멈추는 힘이 있다. 나는 바로 이 수수께끼 같은 만남에서 이야기를 시작하고자 한다. 왜 이 표면적인 형상들은 우리를 그토록 깊이 감동하게 할까? 왜 그런 감동이 우리에게 그토록 필요할까? 왜 우리에게는 그토록 아름다움이 필요할까?

차례

들어가며   5

1장. 조화를 엿보다   19
2장. 의미를 체험하다   55
3장. 리비도를 승화하다   107
4장. 신비를 영접하다   157

감사의 말   193

1장
조화를 엿보다

'아름다워'는 일종의 초대다.

우리는 은연중에 동의를 구하면서 타인을 우리의 가능성 깊숙한 곳으로 초대한다.

이처럼 모든 미적 감동은 새로운 인간 공동체의 가능성을 넌지시 제시한다.

심지어 혼자 있을 때도 미적 감동의 순간에는 타인과 함께하는 삶의 온기를 느낀다.

우리가 자신과 싸우지 않고 평화로움을 느끼려면 아름다움이 필요하다. 다시 뤼시에게로 돌아가서 그 노래의 첫 음절이 흘러나온 순간에 왜 그녀가 그토록 기분이 좋아졌는지 알아보자. 이야기를 처음부터 다시 시작하는 것이 좋겠다. 아침나절이 끝나갈 무렵, 그녀는 남편에게 전화하기 전에 갈등한다. 남편에게 거짓말할 것인가 말 것인가? 사안이 무엇인지는 우리가 알 바 아니고, 중요한 것은 그녀가 양자택일의 갈등에 직면했다는 사실이다. 일단, 그 거짓말은 간단하고 효율적이고 탄로 날 위험도 없지만, 거짓말하면 기분이 영 찜찜하다. 고작 이런 자질구레한 문제로 거짓말하기 시작하면 앞으로 거짓말할 일이 끊이지 않을 것이다. 반면에 사실대로 말한다면, 길게 설명해야 하고, 시간과 에너지를 빼앗기고, 칸막이 없는 개방형 사무실에서 나와 복도에 서서 화장실을 마주 보고 통화해야겠지만, 양심상 그 편이 나을 것 같다. 그녀는 잠시 망설이다가 진실 쪽을 택한다. 그녀는 '잘

한 일이야.' 하고 되뇌고, 자신이 옳은 선택을 했다고 믿는다. 하지만 그 선택은 그녀의 것이 아니다. 단지 그녀의 일부, 즉 도덕적인 부분이 한 선택일 뿐이다. 그리고 그녀가 '(진실을 말한 것은) 잘한 일이야.'라고 판단한 것은 그녀 내면의 도덕적인 부분이 이기적이고 타산적인 부분을 이겼다는 뜻이다. 이 선택, 이 판단을 내리기까지 그녀는 괴로웠다. 그녀의 어느 부분이 다른 부분에 대해 승리를 거두자, 내적인 갈등은 비로소 해소된다. 잠시 후 점심시간에 남자 종업원이 티라미수를 권하자 그녀는 또다시 망설인다. 한편에는 며칠 전에 결심한 다이어트 계획이 있고, 다른 한편에는 먹음직스러운 티라미수가 있다. 체중이 몇 킬로그램 더 나가더라도 삶을 만끽하는 것이 더 중요하지 않을까? 이로써 또 다른 난관, 또 다른 갈등이 시작된다. 이번에는 이기적인 부분에 대한 도덕적인 부분의 갈등이 아니라 감각적인 부분에 대한 이성적인 부분의 갈등이며, 그녀는 자신의 욕망에 대해 결정을 내려야 한다. 우리 삶은 이런 종류의 갈등들로 촘촘히 짜여 있다. 경중의 차이야 있겠지만, 이런 갈등은 끊이지 않는다. 그녀는 망설이다가 결국 종업원에게 손짓한다. 자, 이제 종업원이 티라미수를 가져온다. 샴페인까지 곁들이자 기가 막히게 어울린다. 그녀는 이 티라미수가 맛있다고, 좋은 선택이었다고 생각한다. 하지만 이번에도 그것은 진정한 의미에서 그녀의 선택은 아니었다. 정확히 말해 그녀의 전 존재가 아니라 그녀의 일부가 한 선택이었고, 그녀의 일부, 즉 감각적인 부분이 그녀의 이성적인 부분을 이긴 것이다. 이번에도 그녀의 판단 (지난번과 달리 '잘했어!'가 아니라 '좋아!')은 내적 갈등이 해소된 결과다. 이번에도 갈등은 그녀의 어떤 부분이 다른 부분에 대해 승리를 거두자 끝났다. 그녀는 잠시 후 사무실에서도 보고서에 나타난 결과를 검토하다가 또다시 새로운 갈등에 사로잡힌다. 한편에는 그녀가 상상해온 것이 있고, 다른 한편에는 받아들일 수밖에 없는 성찰이 있다. "맞아." 그녀는 마침내 결과에 대한 동료의 지적에 동의한다. 이번 판단에서는 성찰이 상상을 누르고 승리를 거둔다. 이렇게 세 가지 판단('잘했어!' '좋아!' '맞아!'), 즉 세 가지 내적 갈등이 존재한다. 이것이 바로 툭하면 허리가 쑤시는 이유다. 이런 갈등은 흔적을 남기게 마련이니까.

내가 몇 줄 위에서 조금 과장해서 말했듯이 우리 삶은 이런 갈등들로 촘촘히 짜여 있고, 갈등은 결코 끊이지 않는다. 다만 갈등이 멈추는 드물고 소중한 순간, 마음속에서 벌어지는 끝없는 전쟁에 기적처럼 찾아오는 휴전의 순간이 있을 뿐이다. 라디오에서 노래 첫 음절이 흘러나오던 그 순간처럼 말이다. 아름답다. 그렇다, 이것은 아름답다. '잘했어!'도 '좋아!'도 '맞아!'도 '틀렸어!'도 아니다. 이것은 아름답다. 이 판단은 뤼시의 마음속 어느 부분이 다른 부분을 누른 결과가 아니다. 오히려 그녀의 마음속에서 여러 부분이 조화를 이루며 더는 내적 갈등이 존재하지 않는 상태에서 비롯한 것이다. 그렇다면 '아름다운 것'이란 정확히 말해 '갈등이 사라지게 하는 것'이다. 그 평온한 기분이 들게 하는 것 말이다. '아름다워!'는 감각적 판단도 지적 판단도 아니다. 뤼시의 감각이 뤼시의 사고를 누른 것도, 뤼시의 사고가 뤼시의 감각을 누른 것도 아니다. 그녀는 자신의 모든 부분에 완전히 동의

한다. 바로 이것이 아름다운 상태다. 이때 판단 기준 같은 것은 존재하지 않는다. 이것이 바로 아름다움이 그녀에게 일으킨 변화다. 이 작은 기적의 순간, 미적 쾌락의 순간, 그녀는 자신과 화해한다.

'잘했어!' : 도덕적 기준
'좋아!' : 감각적 기준
'맞아!' : 이성적 기준
'아름다워!' : 기준이 없다.

아름답다는 것은 이와 같아서 우리는 타인과도 자신과도 다투지 않는다. 그렇게 우리가 앞서 말한 충만감, 즉 자신과 세계 안에서 온전히 현존할 수 있다. 뤼시는 마침내 거기서 온전히 존재하게 되었다.

내가 방금 제시한 분석은 임마누엘 칸트가 『판단력 비판』에서 보여준 논의에서 영감을 받은 것이다. 이 엄격하고 고명한 사상가는 탁월한 사고보다 편집광적인 생활습관으로 더 유명하다. 매일 아침 4시 55분에 일어나고, 한평생 똑같은 시각에 차를 마시고, 태어나서 죽을 때까지 고향인 쾨니히스베르크를 떠난 적이 없었다. 매일 산책 시간을 어찌나 엄격히 지켰는지, 쾨니히스베르크의 아낙네들은 그 철학자가 지나가는 것을 보고 조리 시간을 맞췄다고 한다(당시에 사용하던 시계보다 훨씬 더 믿을 만했던 것이다). 또 땀 흘리는 것을 극도로 싫어했던 칸트는 계절과 주야를 불문하고 실내온도를 0.5도의 오차도 없이 일정하게 유지하는 고도로 정밀한 온도 조절 장치를 집에 설치했다. 그가 스스로 정한 일과를 어긴 것은 일생에 단 한 번, 1789년 어느 아침 프랑스에서 오는 우편물과 신문을 받으러 나갔을 때뿐이었다. 그런데 미적 쾌락이라는 수수께끼를 풀기 위해 선택한 대상이 고작 강박증 환자라고? 아름다움을 경험할 때 예기치 않게 솟구치는 감동에 접근하기 위해 고른 대상이 고작 자발성 혐오자라고? 그렇다, 당신이 놀라는 것은 당연하다. 칸트가 살아생전에, 그리고 오늘날까지 세계에서 존경받는 철학자 가운데 한 사람이 된 것은 무엇보다 '능력들의 갈등' 가설 때문이라는 점을 고려한다면 말이다(잠시라도 칸트를 보려고 전 세계에서 방문객들이 몇 주간의 장도 끝에 찾아와 그의 집 초인종을 울리곤 했고, 칸트는 그들에게 문을 열어주고 정중히 인사한 뒤 문을 닫고 다시 작업에 착수했으며, 방문객들은 '철학계의 코페르니쿠스'의 얼굴을 본 것을 기뻐하며 돌아가곤 했다). 칸트는 인간의 내면에서 상이한 능력들이 벌이는 이런 투쟁이 없다면 인간의 위대함도 없다는 것을 보여주었다. 이를테면 『실천이성 비판』을 통해 도덕 차원에서 논증한 바와 같이 선(善)을 실천하는 것은 그 선의가 자연스럽지 않을 때만, 그 선의가 인간이 타고난 이기심의 저항에 부딪힐 때만 위대하다. 만약 우리가 선을 실천하는 소질을 자연적으로 타고났다면, 선을 실천하는 것은 칭찬받을 일이 되지 못할 것이다. 도덕적인 사람이 되려고 노력하는 일이 고결한 것은 도덕적인 사람이 되기 어렵기 때문이다. 또한 『순수이성 비판』에서 제시한 것처럼 과학적 지식 차원에서 확인할 수 있는 '능력들의 갈등'은 또 다른 양상을 띤다. 과학적 지식의 정확성은 인간에게 자신의 여러 가지 능력 가운데 하나인 반성(오성)이 나머지 능력들(감각과 상상력)을 능가할 것을 요구한다. 이렇듯 좋은 학자가 되려면 도덕적 인간과 마찬가지로 내적으로 분화되어야 한다. 감각 능력은 단순히 정보들을 지각할 뿐이고, 그 정보들을 총괄해 분석하는 것은 바로 오성의 몫이다. 정보들을 가져오라고 '명령하고' 그것들을 '처리하는' 것도 바로 오성이다.

하지만 '능력들의 갈등'으로 존경 받는 사상가 칸트는 말년에 더 위대한 발견을 한다. 그 발견 덕분에 칸트는 뒷날 더욱 칭송받게 되며, 그 정도 경지에 오른 철학자들에게서는 보기 드문 대담성을 발휘해 자신의 이론을 수정하기에 이른다. 거대한 철학 체계를 세운 사상가들은 말년에 자신이 구축한 체계를 흔드는 요소를 발견하면 대부분 그것을 무시하거나 어떻게든 자기 체계에 끼워 맞추려고 한다. 하지만 칸트는 달랐다. 그날 칸트는 마당으로 난 창문을 열어둔 채 책상 앞에 앉아 있었다. 그의 책상에는 집 전체를 통틀어 유일한 장식품인 장 자크 루소의 초상화 액자가 놓여 있었다. 사색가는 잠시 작업에서 시선을 거두고 가지들이 무성하게 자라 서로 뒤얽힌 마당의 나무들을 바라보았다. 평소에 정원수들은 하나같이 완벽하게 가지치기가 되어 있었는데, 정원사가 몸이 좋지 않아 며칠간 일하러 오지 못한 사이에 자연이 긴 세월에 굴하지 않고 간직해온 자기 법칙에 따라 마당을 장악했던 것이다. 그는 문득 이상한 기분이 들었다. '능력들의 갈등'을 밝혀낸 이론가가 갈등이 멈추는 순간이 있다는 사실을 발견한 것이다. 바로 '아름다움'이라는 감정을 경험하는 순간 말이다. 그가 여태까지 남긴 수천 쪽에 달하는 저작에 그가 방금 느낀 것을 규명할 수 있는 글은 단 한 줄도 없었다. 칸트는 그 사실을 인정했다. 바로 여기서 우리는 그의 용기를, 놀라운 정직함을 엿볼 수 있다. 그리하여 이미 적지 않은 나이에 칸트는 새로운 작업에 착수하기로 마음먹는다. 『판단력 비판』의 집필은 그렇게 시작되었다. 우리는 머지않아 그 저작에서 미적 쾌락에 대한 획기적인 정의를 발견하게 된다. 그것은 바로 '인간 능력들의 자유롭고 조화로운 놀이'다.

좀 더 세부적으로 들어가 보자. '인간 능력들의 자유롭고 조화로운 놀이'인 미적 감동이라… 놀이. 자유. 그런데 조화롭다. 일반적으로 인간의 능력들은 '놀지' 않는다. '일한다.'라고 말하는 편이 옳다. 이를테면 우리가 성찰할 때 우리 오성은 지각한 두 정보 사이의 인과 관계를 분석한다. 예를 들어 바닷가 풍경을 바라볼 때 우리는 관찰한 것들을 성찰하고, 바닷물이 갑자기 터키옥 색으로 보이는 이유는 하늘이 더 밝아졌기 때문이라는 결론에 이를 것이다. 오성은 지각한 정보들(밝아진 하늘과 터키옥 색 바다)을 서로 연결해서 성공적으로 해석한다. 하지만 오성과 지각 사이에 '놀이'는 없다. 오성은 명령한다. 놀지 않는다. 칸트의 매우 독창적인 명제는 미적 쾌락을 느낄 때 지각과 오성이 아름다움 앞에서 서로 동조하며 '논다'는 것이다. 거기에 미적 쾌락의 낯섦이 있다. 우리의 다양한 능력이 우리 안에서 평상시와 다른 관계를 발전시킨다. 일이 아니라 놀이의 양태를 띤 관계를 형성한다는 것이다. 결과적으로 우리는 지각하는 대상과 평상시와 다른 관계, 즉 미적인 관계를 맺게 된다. 하늘의 눈부신 빛은 이제 해수면에 터키옥 색 무늬가 생겨난 원인이 아니며, 그 무늬도 빛의 결과가 아니다. 우리는 이 둘의 관계를 분석하지 않고 다만 그것들을 관조한다. 이 관조의 쾌락 말고는 아무것도 구하지 않는다.

비록 칸트가 의도한 바는 아닐지라도, 우리는 이 놀이를 '유쾌한 활동'이라는 의미로 이해할 수 있다. 우리 안에서 '놀이'가 벌어진다. 이 놀이는 우리 안에 존속하며, 미적 감동이 일어나는 화합의 공간으로서 존재한다. 이 놀이는 '자유롭다'고, 칸트는 덧붙인다. 어떤 능력도 다른 능력들에 명령하거나 복종하지 않는다. 우리는 뭔가를 아름답다고 느낄 때 자유롭다. 우리는 타인들의 판단으로부터 자유로울 뿐 아니라 —이는 칸트의 위대한 발견인데— 내면적으로도 자유롭다. 왜냐면 우리 능력들 가운데 어느 것도 다른 능력들에 자기 법칙을 강요하지 않기 때문이다. 여기서 우리는 칸트가 이 놀이를 '조화롭다'고 말한 이유를 이해하게 된다. 그리하여 미적 쾌락은 인간 주체의 내적 조화로 정의된다. 칸트는 아름다움 자체에 제대로 관심을 기울이지 않은 채 아름다움에 대해 썼다는 이유로 숱한 비판을 받았다. 비판자들은 칸트가 예술작품이나 자연의 아름다움에서 납득할 만한 예를 제시하지 않았고, 기껏해야 인간의 주체성을 이루는 한 측면으로서만 아름다움에 관심을 보였다는 점을 지적했다. 이 지적은 타당하며, 바로 이 점이 우리의 관심을 끈다. 즉, 우리 관심사는 아름다움을 가능하게 하는 것이 아니라 아름다움이 우리에게 불러일으키는 어떤 것이다.

칸트 미학의 또 다른 공헌은 판단의 개념에 관련된 것이다. 우리가 아름다움에 감동했다고 말할 때 우리는 판단을 내린다. 하지만 이 판단—'아름다워!'—은 우리가 앞서 살펴본, 칸트가 『판단력 비판』에서 '규정적 판단'이라고 부른 다른 판단들('잘했어!', '좋아!', '맞아!')과는 근본적으로 다르다. 이 다른 판단들이 규정적인 이유는 매번 우리 안에서 한 가지 능력이, 즉 우리의 일부가 결정적인 역할을 하기 때문이다. 도덕적 판단에서는 이성, 티라미수를 음미하며 '좋아!'라고 말할 때는 감각이 결정적이다. 반면에 미적 판단은 '반성적'이다. 왜냐면 우리가 '아름다워!'라고 말할 때 우리 능력 가운데 어느 것도 규정하는 역할을 하지 않고, 모든 능력이 상호 조화를 이루기 때문이다. 이 기묘한 내적 조화 속에서 모든 능력이 서로 반영한다. 시인 보들레르가 "아름다움은 언제나 기이하다."라고 쓴 이유를 이제 알 것 같다.

　하지만 또 한 가지 차이점이 있다. '규정적 판단'을 할 때 우리는 일반적인 것에서 특수한 것으로 옮겨간다. 일반적 범주를, 다시 말해 이미 존재하는 기준을 동원하는데, 어떤 특수한 상황을 검토할 때 우리는 이미 존재하는 '일반'이라는 척도에 따른다. 즉, 우리가 '잘했어!'라고 말할 때 우리는 이미 '선악'의 범주를 끌어와 현재의 특수한 상황에 그 범주를 적용한다. 우리가 "이건 불법이야."라고 말할 때 이미 법을 적용하고 있는 것과 마찬가지로 우리가 "이건 거짓이야."라고 단언할 때도 우리는 이미 존재하는 논리적 법칙을 적용한다.

　하지만 아름다움에 대해서는 다르다. 정확히 반대다. '반성적 판단'에서 우리는 특수한 것—오직 하나뿐인 이 바다 풍경, 결코 다시없을 이 빛, 반 고흐의 이 독창적인 그림, 자코메티의 이 조각상—으로부터 일반적인 진실을 단언한다. '아름다워!'라고. '나는 이것이 마음에 들어.'가 아니라 '아름다워!'다. 일반적인 것에서 특수한 것으로 가는 것이 아니라 특수한 것에서 일반적인 것으로 간다. 심지어 보편적인 것으로 간다. 이 얼마나 놀라운 자유이며, 엄청난 대범함인가? 우리가 이렇게 자신을 신뢰한 때가 있었던가! 대개 그렇듯이 기존의 범주에 기대 판단할 때도 우리는 의심에서 벗어나지 못한다. 하지만 이제는 아무 범주도 없지만, 의심을 멈춘다. 이것이 바로 칸트가 말하는 자유다. 판단의 자유. 이것 역시 미적 쾌락이다. 자신을 믿는 것, 그래서 결국 자신에게 귀 기울이는 것. 오르세 박물관에서 뤼시의 아들이 그러는 것처럼 말이다. 물론 소년은 고흐의 「밤의 카페테라스」가 드러내는 색과 형태가 마음에 들고 그 오렌지 빛 도는 붉은색과 하늘의 감색이 마음에 들지만, 자신의 감정이 판단의 유일한 기준이라는 것도 마음에 든다. 칸트의 역설적인 표현에 따르면, 소년이 내린 취미 판단은 '주관적이지만 보편적'이다. 객관적인 기준 없이, 단지 인간의 주관성이 이룬 조화에서 비롯한 것이므로 그것은 주관적 판단이다. 하지만 보편적 판단이기도 하다. 실제로 소년은 자신을 그토록 감동하게 한 그것이 다른 사람들도 감동하게 하리라는 사실을 의심하지 않을 것이다. 더구나 아무 노력도 하지 않고 뜻밖에 그런 감동을 경험했으니 거기에는 의심의 여지가 없다. 자신에게 귀 기울일 줄 아는 이 능력, 즉 자아에 대한 이 믿음을 되찾기 위해 우리는 아름다움이 우리에게 불러일으키는 그것이 필요하다. 하지만 이때의 자아는 자기 취향을 다른 사람들과 나누기를 열망하고, 우리의 가능성을 품은 열린 자아다.

오늘날 우리에게는 그것이 과거 어느 때보다도 필요하다.

막스 베버가 근사하게 이름 붙인 '영원한 어제라는 권위'가 과거에는 기준 역할을 할 수 있었다. 우리는 어떤 판단을 내릴 때 종교, 도덕, 정치, 가족 등이 요구하는 기준을 참조했다. 하지만 이제 그런 세계―'규정적 판단'의 세계―는 존재하지 않는다. 지난날, 규범과 기준으로 점철된 세계에서 미적 감동은 숨통을 틔워주는 한 줄기 바람일 수 있었다. 우리는 '규정적 판단'에 둘러싸여 있다가 차에서 라디오로 노래를 들을 때, 미술관에서 놀라운 그림을 감상할 때, 터키옥 색 바다를 바라볼 때나 '반성적 판단'이라는 사치를 누릴 수 있었다. 하지만 이제 우리는 그런 기준들이 삽시간에 의미를 잃어버리는 시대에 살고 있다. 세상이 너무 빠르게 변하다 보니 기준들도 빠르게 시대에 뒤떨어진 무용지물이 되어버린다. 우리는 한때 인간의 생명을 도구로 삼는 행태를 비도덕적이라고 비판했지만, 이제 '처방약 아기'[1]를 만들어내고 있다. 우리는 한때 어떤 경우든 어디까지가 인간이고 어디서부터 인간이 아닌지 엄격히 구분해야 한다고 생각했지만, 이제는 이식을 염두에 두고 인간 배아를 냉동 보관하고 있다. 우리는 한때 생명의 가치가 그 유일함에서 비롯한다고 믿었지만, 이제는 치료를 위한 생명복제에 성공하자 재생산을 위한 생명복제의 가능성이 열리고 있다. 우리 안에 존재하는 심미가를 중시하고, 아름다움과 미적 쾌락을 접할 기회를 늘리는 것이 전에 없이 중요해진 것은 의혹이 만연한 이 시

---

1) 먼저 태어난 형제자매의 유전병 형질을 갖지 않도록, 그리고 그들의 치료를 도울 수 있도록 배아 선별을 통해 태어나는 시험관 아기.

대의 특징이기도 하다. 왜냐면 심미가는 기준이 없는 상황에서 판단하는 법을 아는 사람이기 때문이다. 심미가는 사방에서 사람들이 몰지각한 말을 시끄럽게 늘어놓을 때 자신에게 귀 기울일 줄 아는 사람이다.

그런데 과거에 사치에 불과했던 '반성적 판단'이 오늘날 필수적인 것이 되었다는 이야기를 왜 꺼냈느냐고? 바로 직관에 관해 말하기 위해서다. '반성적 판단'을 한다는 것은 곧 직관이 있음을 뜻한다. 그렇다, 이것이 바로 아름다움이 우리에게 하는 일이다. 아름다움은 우리에게 직관력을 기르는 법을 가르쳐준다. 아니, 어쩌면 그저 우리에게 직관이 있음을 깨닫게 해줄 뿐인지도 모른다. '규정적 판단'을 하는 데는 직관이 필요 없다. 적용할 법칙을 이해하는 정도의 지능만 있으면 된다. 하지만 '반성적 판단'을 하는 것, 아무 기준 없이 '아름다워!'라고 단언하는 것은 일종의 발명이다. 창조자는 반 고흐만이 아니다. 뤼시의 아들도 반 고흐의 그림에 감동한 순간, 판단과 동시에 판단의 기준을 고안해낸 것이다. 각각의 미적인 감동은 우리가 어떤 방식으로든 창조자가 될 수 있다는 사실을 일깨워준다. 그것이 바로 우리가 예술가들에게 고마워해야 할 이유다. 그들은 감동의 소용돌이에 사로잡힌 우리에게 믿음을 심어준다. 그리고 우리는 전적으로 그들 예술가를 믿기보다는 점점 우리 자신을 믿게 된다. 모든 미적 경험에는 이런 믿음의 흔적이 남아 있다. 아름다움이 드러나는 순간, 의심의 장막이 걷힌다. 지금 내가 느끼는 이것이 나를 속일 리 없다⋯. 왜, 어떻게 이런 일이 벌어지는지 잘 알지는 못해도, 우리는 아름다움이 우리에게 불러일으키는 이것에 진실이 깃들어 있음을 확실히 느낀다. 우리가 내리는 그 확실한 판단에 진실이 있음을.

다음은 칸트가 우리에게 던진 탁월한 질문 가운데 하나다. 실제로 판단이 일어나는 순간은 언제인가? 이미 존재하는 일반적인 법칙을 특수한 상황에 적용할 때일까? 아니면 언제나 뜻밖이며 언제나 새로울 수밖에 없는 특수한 것에서 출발해, 어쩌면 미래에 일반적인 규칙이 될지도 모를 것을 고안해낼 때일까? 세상이 빠르게 변할수록 '반성적 판단'을 할 수 있는 이런 자유와 용기는 더욱 절실히 필요하다. 법률가들은 이 점을 잘 알고 있다. 종종 법이 사회의 변화를 따라잡지 못해서 오늘 벌어지는 특수한 범죄 사건을 이제까지의 법으로 판결할 수 없는 상황이 벌어지기 때문이다. 그렇다면? 법을 새로 만들어야 한다. 장차 판례가 될 결정을 내려야 한다. 요컨대, 특수한 것에서 일반적인 것으로 가야 한다. 다시 말해 '반성적 판단'을 할 수 있어야 한다.

그런데 취미 판단—'아름다워!'—이야말로 순수한 형태의 반성적 판단이다. 그러니 훈련해야 한다. 자신을 믿는 훈련을 해야 한다. 프랑스 샹송이든 영국 팝송이든 이탈리아 오페라든 미국 펑크 록이든 에릭 사티의 「그노시엔」이든 바흐의 「조곡」이든 들어라. 당신이 사는 도시의 산에 올라 고개를 들고 건물과 유적과 주위 경관을 관찰하고, 안내원 없이 미술관을 돌아다니고, 아름다움과 만날 기회를 늘려라. 그중에서도 마음에 드는 것들을 선택하라. 그 형상들의 아름다움이 당신 앞에 드러나게 하고, 아름다움이 당신 마음속에서 '인간 능력들의 자유롭고 조화로운 놀이'를 벌이게 하라. 판단력을 회복하라. 이제 전

통은 우리를 안내해주지 않고, 전문가들은 늘 착각하고, 가공할 속도로 발전하는 기술은 기존의 기준들을 폐기한다. 이제 믿을 것이라고는 당신 자신의 직관밖에 없다. 그러니 직관을 키우라.

당신의 이성에 빛이 스며드는 듯한 이 은총의 순간들을 만끽하라. 그런데 누가, 무엇이 빛을 발하는 것일까? 신? 우연? 경험? 늘 증거를 대느라 전전긍긍하던 당신에게 갑자기 환한 서광이 비친다. 마치 어떤 보상이라도 받은 것 같다. 하지만 누가 뭘 보상한다는 말인가? 직관이란 그런 것이다. 그것은 이성이 눈뜨는 계기다. 논리적으로 이해하기보다 진실과 접촉하는 것이다. 이를테면 어느 날 문득 친구가 멀어졌다는 느낌이 들면, 그제야 비로소 '우정'이라는 개념이 정신에 부상한다. 그 친구가 멀어졌다는 직관이 생기는 순간, 당신은 우정의 절대적 진실에 몰두한다. 직관적 진실이란 그런 것이다. 그것은 아주 세밀한 진실이면서도 '절대'로 통하는 길이다. 우리 이성의 성찰은 대개 역방향으로 작동한다. 즉, 우정이 무엇인지 정의하고 나서 친구의 행동이 그 정의에 부합하지 않는다는 사실을 깨닫는다. 대개 이성은 아주 부지런히, 단계적으로, 점진적으로 작동한다. 반면에 몸은 세계를 즉각적으로 지각한다. 이성은 직관성을 띠게 되면 갑자기 몸을 닮아간다. 몸의 고유한 속성인 직접성을 발휘해서 관념들을 포착한다. 실제로 베르그송은 직관이 '몸을 통과하는 이성'이라고 정의한 바 있다. 직관적 이성은 논증하지 않는 이성이다. 요컨대, 그것은 반항한다. 이성은 최고의 역량을 발휘하기 위해 자신의 타자이자 대립자인 몸에 자신을 개방한다. 그렇다면 직관이라는 은총의 순간에 이성을 환하게 비추는 것은 바로 몸일 것이다. 이성은 이제 몸 '안에' 있지 않다. 오히려 몸이 이성 안에 있다. 말하자면, 정신의 한복판에 낯선 것이 들어와 큰 도움을 주는 것이다. 나는 아직도 소르본 대학 계단식 강의실에 들어가면 이 늙은 교수가 쩌렁쩌렁 낭독하던 목소리가 들리는 것만 같다. "직관, 그것은 이질적인 것이 이성에 내재하는 것이다."

하지만 직관에 이르는 길은 험난하다. 베르그송은 사람들이 착각하는 것과 달리 직관은 즉각적이지 않으며 이중의 노력을 요구한다고 말한다. 즉, 습관적인 사고방식과 고정관념에서 벗어나고, 당면한 행위의 긴급함이라든가 유용성에 대한 염려 따위에 초연해지려는 노력의 결과라는 것이다. 직관적 상태는 이런 두 가지 노력을 통해서만 얻을 수 있다. 베르그송은 덧붙이기를, '직관적 상태란 자신의 모든 과거, 모든 기억과 더불어 지금 여기에 온전히 존재하는 것'이라고 했다. 하지만 행위의 필연성은 우리가 무한한 기억의 저장고에서 몇몇 유용한 기억만을 선별하라고 강요하고, 나를 나 자신, 나의 과거 대부분, 나의 기억들로부터 격리해서 직관을 차단할 수도 있다. 하지만 아름다움과 만날 때 이런 이중의 노력은 쉬워진다. 아름다움과 마주할 때 나는 기존의 견해나 사물의 유용성에 신경 쓰지 않는다. 멀리 눈 덮인 산봉우리를 바라보거나 그림, 유적, 화음에 매혹되는 경험은 계속되는 일상적인 행위 중에 정지의 순간을 선사하고, 자기 자신 즉 자신의 직관력과 화해하게 한다.

그럴 때 세계에 대한 미적인 이해 방식의 첫 번째 특징인 직관은 심지어 아름다움의 문제를 뛰어넘는다. 축구 선수를 예로 들어 보자.

득점하겠다는 목표와 유용한 행위에 대한 집착은 그에게 직관을 금지한다. 그의 행위는 전략적이고 효율적일 수는 있으나 직관적일 수는 없다. 하지만 만약 그가 유용한 행위에 몰두한 와중에도 더할 나위 없이 완벽한 경기를 펼치면서 그 순간 그곳에 존재한다는 사실에서 순수한 기쁨을 만끽할 수 있다면, 가장 놀라운 슛을 가능하게 하는 이 진귀한 직관에 이를 수 있을 것이다. 즉, 그는 한순간 세계와 순수하게 미적인 관계를 맺음으로써 힘과 재능을 최대로 발휘하게 된다. 힘을, 세계 속 자신의 현존을, 자신의 직관력을 회복하는 이런 미적 쾌락의 순간은 누구의 삶에나 필요하다.

그렇다면 아름다움을 통해 우리가 계발하는 것은 바로 삶의 역량이다. 하지만 거기에는 조건이 있다. 칸트는 그 판단력이 진정으로 반성적인 것이 되려면, 그리고 미적 만족이 순수한 것이 되려면, 세 가지 '부재'가 전제되어야 한다고 말했다. 아름다움에 대한 판단은 첫째, 관념 없이, 둘째, 이해관계 없이, 셋째, 합목적성 없이 이루어져야 한다.

관념 없이: 아름다움이라는 관념, 예술의 규칙, 예술 사조를 참조해서는 안 된다. 그럴 때 이성이 우위를 차지하므로 내적 조화가 깨진다.

이해관계 없이: 사회적, 금전적 이해관계를 추구해서는 안 된다. 아름다움을 오롯이 음미하려면 아름다움을 느낄 때 '사심'이 없어야 한다.

합목적성 없이: 아름다움 앞에서 합목적성과 작가의 의도를 문제 삼아서는 안 된다. 이때도 역시 합리성이 우위를 차지해서 내적 조화가 깨진다.

이 조건들을 동시에 충족하기는 쉽지 않다. 뤼시가 차 안에서 바흐의 「넉 대의 피아노를 위한 협주곡」을 들으며 미적 쾌락을 느끼는 순간, 이 조건들은 모두 충족된다고 할 수 있다. 그런 일은 우연히 일어난다는 것을 그녀는 최근에 깨달았다. 그 계기는 쇼팽을 주로 연주하는 피아니스트가 연주회에서 마지막 앙코르 곡으로 예정에 없이 연주한 바흐의 곡이었다. 뤼시는 클래식 음악 방송을 들으며 운전 중이었고, 갑자기 흘러나온 그 곡이 바흐의 협주곡이라는 사실을 알아차리지도 못했다… 미적 감동이 불러일으키는 효과는 늘 이런 식이다. 흠잡을 데 없는 완벽함과 여러 선율이 빚어내는 조화에 매료되어 그녀는 모든 것을 까맣게 잊는다. 그녀가 가장 충만하게 존재한다고 느끼는 것은 바로 이런 순간이다. 역설적이게도 이 세상에 제대로 존재하려면 이 세상을 벗어나야만 하는 것 같다. 그녀의 판단—이 협주곡은 아름답다—은 '관념 없이' 이루어진 것일까? 물론이다. 그 순간 그녀는 아름다움의 개념이나 화성이나 리듬의 규칙 따위에 전혀 개의치 않는다. 그녀의 판단은 '이해관계 없이' 이루어졌을까? 물론이다. 그 판단은 바흐의 이 협주곡을 좋아한다고 말해서 얻을지 모르는 세속적 이득과는 전혀 상관없다. 오히려 그녀는 이 사실을 아무에게도 말하지 않는다. 따라서 그녀의 미적 판단은 '사심 없이' 이루어진 것이다. 다시 그 음악이 필요하다고 느껴질 때 듣기 위해 음반을 구입한다면, 그때 그녀는 '실존적 이익'을 구한다고 의심할 수 있을 것이다. 그녀가 함께 식사하는 친구들 앞에서 자기가 얼마나 바흐에 푹 빠졌는지 이야기한다면, 그때 그녀는 '사교적 이익'을 구한다고 의심할 수 있을

것이다. 하지만 이 경우 그녀에게 아름다움이라는 선물을 선사한 것
은 바로 우연이며, 이는 언제나 불시에 들이닥친다. 마지막으로, 그녀
의 판단은 '합목적성 없이' 이루어졌을까? 물론 그렇다. 그녀에게 그
곡은 너무도 아름다워서 인간이 만들었다고 상상하기조차 어렵다. 그
녀는 요한 제바스티안 바흐라는 개인은 떠올리지도 않는다. 또 그녀
는 바흐의 의도, 바흐가 「넉 대의 피아노를 위한 협주곡」을 작곡하며
추구했을 궁극적 목적 따위에는 아무 관심도 없다.

　반면에 우리는 '아름다움'이라는 관념을 참조하는 태도가 작품이
주는 감동을 어떻게 차단하는지 잘 알고 있다. 선생님이 귀스타브 쿠
르베의 「오르낭의 매장」을 바라보는 학생들에게 '잘 봐, 이게 바로 사
실주의야!'라고 꼬리표를 붙이자 뤼시의 아들은 이 그림에서 아무 감
흥도 빚지 못한다. 이때 작동하는 것은 지시의 논리일 뿐, 미적 감동이
아니다. 우리는 또한 잘 알고 있다. 이러저러한 취향을 늘어놓아 사교
적인 이득을 얻고, 교양을 과시해 자신을 남과 차별화하려고 애쓰는

속물들 특유의 행태가 어떻게 그들 자신의 순수한 미적 쾌락을 방해하는지도…. 칸트의 말에 따르면, 속물은 아름다움의 진정한 연인일 수 없다.

아름다움에 관한 칸트의 사상은 '순수한 아름다움'과 '부속적 아름다움'을 구별하는 것으로 완성된다. 후자는 우리가 '아름답다고 생각해야 하는 아름다움'에 대한 기존 관념에 부합하는 아름다움을 가리킨다. 우리에게 필요한 것은 '순수한 아름다움'이지 '부속적 아름다움'이 아니다. 우리에게 필요한 것은 자유이지 순응이 아니다. 우리는 이미 사회적 관습에, 온갖 종류의 규범에 단단히 예속되어 있으며, 재현의 논리에 사로잡혀 있다. 우리는 사회적으로 인정받기 위해 좋아해야 하는 것들을 시도 때도 없이 머릿속으로 그리며 살아간다. 하지만 '순수한 아름다움'을 경험하는 순간, 우리는 조금이나마 사회적 인정에서 벗어나 자아를 깨닫고, 잠시나마 재현에서 벗어나 현존한다.

"자연의 아름다움이 예술의 아름다움보다 우월하다."는 칸트의 놀라운 주장도 이런 맥락에서 이해할 수 있다. 아름다운 풍경을 대할 때는 아름다운 예술작품을 대할 때보다 창작자의 의도에 의문을 덜 품을 테니 말이다. 하지만 이 지적은 불과 몇 쪽 뒤에서 천재에 대한 칸트식 정의를 통해 곧바로 번복된다. 우리는 천재의 작품을 대할 때 그의 의도를, 그가 무엇을 전달하고 싶었는지를 묻지 않는다. 우리는 아름다운 자연을 대하듯 그의 작품을 대한다. 칸트는 "천재란 자연이 여러 법칙을 예술에 부여하는 것과 같은 타고난 재능이다."라는 수수께끼 같은 말을 남겼다. 여기서 '자연이 여러 법칙을 예술에 부여한다.'는 말은 '자연이 법칙의 부재라는 자신의 속성을 예술에 부여한다.'는 뜻으로 이해해야 할 것이다.

뤼시는 바흐를 들으며 이 위대한 음악가가 전하려는 의미를 알려고 하지 않는다. 그녀의 아들은 반 고흐의 그림을 보면서 화가가 무엇을 '말하고 싶었는지' 알려고 하지 않는다. 파란 하늘을 바라보듯 그 타오르는 듯한 노란색을 바라볼 뿐, 아무 의문도 제기하지 않는다. 아름다움과 심미가 사이에서 태어난 감흥은 감정을 통해 둘을 결합한다. 어떤 예술가들이 설명하는 자기 작품의 '메시지'는 염두에 둘 가치가 없다. 만약 예술가가 '메시지'를 보내고 싶다면 문자메시지를 보내거나 트위터에 올리거나 신문에 평론을 실으면 된다. 만약 예술가가 '작품'을 창작하기 전에 자신이 무엇을 말하고 싶은지 알았다면 그것을 작품으로 옮기지도 않았을 테고, 그는 예술가가 되지도 않았을 것이다. 어떤 작가나 예술가는 자기 작업을 정당화하기 위해 '내가 말하고 싶었던 것은…', '내가 보여주고 싶었던 것은…' 하며 기자들의 질문에 답하지만, 대개는 허튼소리다. 왜냐면 작품의 의미는 작품을 만들어가는 과정 자체에서 태어나기 때문이다.

칸트가 제시하는 '순수한 아름다움'의 세 가지 조건을 살펴보는 일은 미적 쾌락의 기이한 속성에 대한 우리의 탐구를 심화하는 데도 도움이 될 것이다. 칸트가 실제로 '주관성의 내적 조화'라는 개념을 통해 우리에게 말하는 것은 미적 쾌락이 그리 관능적이지도, 그리 지적이지도 않다는 것이다. 그것은 마사지를 받을 때 느끼는 쾌락처럼

'단순히 관능적'이지도, 복잡한 설계를 성공적으로 완수하거나 논증을 제대로 이해했을 때 느끼는 쾌락처럼 '철저히 지적'이지도 않다. 그래도 미적 쾌락은 어쨌거나 관능적이다. 그 쾌락은 가장 흔하게는 시각이나 청각으로, 때로는 동시에 두 가지 감각으로, 때로는 온몸에 퍼지는 전율 같은 것으로 우리에게 다가온다. 또한, 미적 쾌락은 어쨌거나 지적이기도 하다. 우리가 쾌락을 느낀다는 것을 의식하고, 더 나아가 그 사실에 흡족해한다는 것은 분명히 지적인 과정을 포함한다는 뜻이다. 이것이야말로 칸트가 직면한 문제였다.

자, 이제 18세기 말로 돌아가 보자. 미적 감동은 엄밀히 말해서 육체에 속하지도, 정신에 속하지도 않는다. 우리 안에 육체도 정신도 아닌 것이 있다면, 그것은 무엇일까? 1790년 칸트는 이렇게 대답한다. "그런 것은 없다." 그는 이어서 이렇게 결론짓는다. "그렇다면 그 쾌락은 육체와 정신 사이 어딘가에서, 정신과 육체의 일치 속에서, 그 둘 사이에서 벌어지는 '자유롭고 조화로운 놀이'에서 향유되는 것이 틀림없다."

칸트가 이렇게 고찰한 시점으로부터 두 세기가 넘게 흐른 지금, 이 글을 읽는 당신은 어쩌면 이렇게 받아들일지도 모르겠다. 우리의 인간성에는 실제로 육체에도 정신에도 속하지 않는 어떤 차원이 있고, 칸트가 타고난 천재성을 발휘해서 그것에 접근했으며, 그가 부득이 육체와 정신의 '자유로운 놀이'에 있다고 말하는 그 차원이 존재하며, 아름다움이 찾아와 바로 그 차원을 충족한다고 말이다.

이제 칸트의 놀라운 마지막 주장 하나를 살펴보는 일만 남았다. 『판단력 비판』에서 그는 미적 판단이 '주관적이지만 보편적'이라고 말한다.

이 역설을 더 자세히 들여다보려면 우선 이렇게 자문해볼 수 있을 것이다. '내가 매혹된 아름다운 풍경이나 그림이나 음악에 대해 나와 가까운 사람이 무관심한 반응을 보이면 나는 왜 그토록 안타까울까?' 그의 무감각한 반응에 우리는 기분이 상하고, 그의 몰취미에 진저리를 치기도 한다. 왜 그럴까? 놀랍지 않은가? 각자 서로 다른 점을 존중해야 하지 않나? 관용을 보여야 하지 않나? 스스로 폭군이 아니라고 우기는 폭군이 될 셈인가? 미적 감수성이라는 특별한 영역에서만큼은 권위적인 태도가 허용된다는 것인가? "천만에!" 칸트라면 이렇게 대답했으리라. 당신이 어떤 예술작품에 송두리째 마음을 빼앗기는 '아름다워!'의 순간, 누구나 자기처럼 그런 아름다움을 느끼고 동의하리라고 가정하는 것은 미적 쾌락에 사로잡히는 순간 호출되는 것이 교양이 아니라 바로 인간성, 회복된 인간 본성이기 때문이다. 당신이 아름다움을 경험하며 감동하는 것은 결코 알량한 문화적 소양에서 비롯된 것이 아니며, 그 감동을 타인과 나누는 것을 막을 근거는 어디에도 없다. 이것이야말로 가까운 이가 그런 아름다움에 무감각한 것을 참을 수 없고, 가까운 사람일수록 그 상황이 더욱 터무니없이 느껴지는 이유다. 그럴 때면 당신 내면에 있는 문화상대주의지도 어쩔 수 없이 회의에 빠질 것이다. 브랑쿠시의 브론즈「새」앞에서, 샤갈의「마구간」이나 렘브란트의「자화상」앞에서 당신은 충격을 받을 것이고,

눈앞에 펼쳐진 산의 절경에 숨이 막힐 것이다. 이런 경험에 "그때그때 달라요."나 '제 눈에 안경'식의 상대주의는 통하지 않는다. 무언가가 아름답다면 모든 사람에게 아름다운 것이다. 다시 말하지만, 여기에는 이론의 여지가 없다. 강렬한 미적 감동은 하나같이 상대주의—타인의 나와 다른 점을 존중한다는 명분으로 위장한 타인에 대한 무관심—에서 벗어나라는 권유다. "주관적이지만 보편적이다."라는 서술은 "주관적이지만 보편을 지향한다."라는 의미로 읽어야 한다.

그러면 즉각 '각자의 취향은 각기 다르게 마련이며, 아름다움에 대해 모두가 한마음일 수는 없다.'는 반론이 제기될 것이다. 물론 맞는 말이다. 하지만 중요한 것은 우리가 한마음이기를 바란다는 것, 화합의 욕구를 느낀다는 사실이다. 우리가 미적 감동을 경험하는 순간이야말로 타인을 향한 애정이 솟구치는 순간이다. 그리고 우리의 미적 감동을 더욱 강렬하게 하는 것도 바로 타인을 향한 강렬한 애정이 아닐까?

우리는 자신과의 조화, 타인과의 조화를 원하므로 아름다움을 원한다. 이렇게 주장해보자. 미적 감동이 최고조에 이를 때, 우리 마음속에 자리잡은 조화가 타인과 조화를 이루고 싶은 욕구를 낳는다고 말이다. 이런 욕구는 미적 감동만큼이나 우리 마음에 낯선 동요를 일으킨다. 이 동요는 더 깊숙이 우리 자신으로 돌아가라고 권유하는 동시에 끊임없이 우리 자신에서 벗어나라고 독려한다. 안으로, 그리고 밖으로. 안에서 밖으로. 스탕달은 이런 상태를 떠올리며 『연애론』에서 "아름다움은 행복의 약속이다."라고 썼다. 스탕달이 칸트의 독자였음을 아는

브랑쿠시, 새

우리는 이렇게 읽고 싶어진다. "아름다움은 함께 나눌 행복에 대한 약속이다." 물론 이 약속이 지켜지지 않으리라는 것은 우리도 이미 알고있다. 하지만 중요한 것은 약속이며, 약속의 열기다. 가슴속 깊은 곳에서 타인과 함께하라며 무언가가 우리를 떠미는 듯한 기분, 우리 삶이 타인에게는 무관심한 채 '소중한 나'만을 애지중지하며 제각각 평행선을 그리다가 끝나는 것만은 아니라는 느낌 말이다. 이처럼 우리는 아름다움에 감동할 때마다 이기적인 개인주의에서 치유된다.

게다가 그것은 뤼시의 아들과 여자 친구가 직면한 문제이기도 하다. 뤼시의 아들은 '라파엘'이라는 프랑스 가수를 좋아한다. 라파엘은 약간 데이비드 보위 분위기를 풍기고, 멋진 가사를 아주 섬세하게 표현하는 가수다. 뤼시의 아들은 그의 인기곡 가운데 「호텔바」를 반복해 들으며 노래 도입부를 따라 부른다. '한낮이, 한낮이 실어갈 아침바람/ 어디서, 어디서 불어오나?' 소년은 정확히 어떤 것이 그토록 자기 마음을 흔들어놓는지 모른다. 가수의 떨리는 목소리? 우수에 젖은 가사? 목소리와 가사의 절묘한 조화? 그 목소리는 이어서 소년에게 속삭인다. '얼마나 나를 사랑하기에? 어떻게 나를 떠나려는데? 나를 묶어놓고, 내게 떠나라 해.'

그런데 소년의 여자 친구는 그 '코맹맹이' 목소리가 참을 수 없이 싫다. 싸구려 낭만주의 같다. 소년에게는 아름다움의 화신처럼 느껴지는 것에 여자 친구는 어쩌면 그토록 무감각할 수 있을까? 여자 친구가 그 아름다움에 감동하게 하려면 소년은 대체 무엇을 할 수 있을까? 당연히 아무것도 할 수 없다. 소년은 이 노래의 아름다움을 납득시킬 수 없을 것이다. 그 아름다움은 말로 설명할 수 없다. 이 노래가 소년을 그토록 사로잡는 것도 스스로 그 이유를 설명할 수 없기 때문이다. 이유가 없다는 것이야말로 이 노래가 아름다운 이유다. 소년은 소녀가 라파엘의 음악을 좋아하지 않는다는 이유로 소녀와 헤어지지는 않을 것이다. 오르세 미술관을 나선 소년은 카페에 앉아 있는 여자 친구를 발견한다. 소녀에게 반 고흐 이야기를 해주고 싶지만, 망설인다. 전에 라파엘의 노래를 두고 견해가 엇갈렸던 일이 생각났기 때문이다. 또다시 실망하고 싶지 않다. 두 젊은이는 다른 이야기를 한다. 갑자기 어떤 생각이 머리에 떠오르자 소년은 기분이 좋아져서 미소 짓는다. 그렇다, 소년은 소녀를 정말로 설득하고 싶지는 않다. 그저 감동을 함께 나누고 싶을 뿐이다.

"왜? 뭔데?" 소녀가 코카콜라를 사이에 두고 묻는다.

"아무것도 아냐. 뭘 좀 생각하느라고⋯."

소년은 이것만도 꽤 괜찮다는 생각이 든다. 함께 나누고 싶은 욕구 말이다.

우리 모두는 제각각 다르다. 게다가 오늘날에는 어떻게든 자신을 타인과 차별화하려고 온갖 노력을 기울이고, 자신이 타인과 다르다는 자각이 생기면 어리석게도 그것을 무척 자랑스러워한다. 하지만 우리는 근본적으로는 서로 일치하기를 좋아한다. 실제로 우리 일부는 여전히 일치를 꿈꾼다. 타인과, 더 나아가 이 세상 모든 타인과 이루는 조화를 꿈꾼다. 그런 '보편적 일치'를 감히 누가 바라겠느냐고? 아름다움이 일깨우는 우리 자신의 일부가, 그 찰나적인 '아름다워!'의 순간에 비로소 자각하게 되는 우리 자신의 일부가 바랄 것이다. 우리는 각자 모든 면에서 서로 다르다. 소득 수준도 다르고, 사회적 여건도 다르고, 문화적 소양도 다르다. 하지만 무언가를 아름답다고 말할 때 우리는 그 감동이 사회적 여건이나 교양 수준에서 비롯한 것이 아님을 알고 있다. 마음에서 솟구치는 그 감동이 우리 내면에 있는 공통된 인간 본성에 물음을 던지는 것을 느낀다. 우리는 문득 자신이 만인의 동의를 갈망하고 있다는 사실에 놀라, 아름다움이 '세계 정치'의 가능성을 속삭이는 것은 아닌가 하는 생각마저 든다. 더 나아가 윤리의 가능성을 점쳐볼 수도 있을 것이다. 미적 감동에 사로잡혔을 때 경험하는, 타인을 향한 관심이 바로 윤리의 출발점이라고 생각한다면 말이다. 오늘날 우리에게는 전에 없이 아름다움이 필요하다. 우리는 소비 상품과 금융 자본이 전 세계로 흘러 퍼지는 이 시대에 역설적이게도 우리를 갈라놓는 사회적·문화적 장벽을 뛰어넘을 수 없다고 믿는다. '개인의 취향'이라고, '문화마다 다르다'고, 사회계층, 종교, 성별, 나이에 따라 모든 것이 상대적이라고 믿는다. 그래서 더욱 아름다움과 자주 만나야 한다. 미적 경험을 늘려야 한다. 타인과 우주를 향한 이 순수한 열망이 주는 달콤한 아픔을 더 자주 느껴야 한다. 미적 감동이야말로 상대주의에 전면적으로 저항하게 해주는 강력한 무기다.

'아름다워!'는 일종의 초대다. 우리는 은연중에 동의를 구하면서 타인을 우리의 감성 깊숙한 곳으로 초대한다. 이처럼 모든 미적 감동은 새로운 인간 공동체의 가능성을 넌지시 제시한다. 심지어 혼자 있을 때도 미적 감동의 순간에는 타인과 함께하는 삶의 온기를 느낀다. 실제로 우리는 자기 방에서 혼자 음향기기로 연주곡을 들으면서도 마치 연주회장에 와 있는 듯이 감동한다. 그것이 바로 우리가 실제로 함께일 때, 이를테면 연주회장을 가득 채운 사람들의 열기 속에 있을 때나 배 위에 여럿이 모여 아름다운 수평선을 함께 바라볼 때 미적 감동이 그토록 강렬해지는 이유다. 같은 음악을 좋아하는 타인, 같은 수평선을 바라보는 타인이 잠재적으로 존재하기를 멈추고 실제로 눈앞에 모습을 드러낼 때 그 존재감이 배가된 덕분이다. 의식하고 있던 자명한 사실이 비로소 생생하게 피부에 와 닿는다. 이처럼 우리는 함께 존재할 수 있다.

오늘날 우리는 함께 있는 법을 알지 못해 고통받는다. 학교에서 학생들에게 우리가 다 함께 살아야 한다고, 그것이 시민의 의무라고 백날 가르쳐봤자 소용없다. 그래야 한다고 말하는 것은 그러고 싶지 않다는 것을 인정하는 것이나 다름없기 때문이다. 차라리 그들이 아름다움에 더 가까이 다가갈 수 있도록 도와줘야 한다. 미적 감동을 느낄 때마다 함께하는 삶에 대한 잠들었던 욕망이 깨어날 것이다.

우리는 지금까지 단순히 내적 평화의 측면에서 미적 감동을 살펴봤지만, 미적 감동은 종종 고통스러우면서도 황홀한 내적 균열을 일으키기도 한다. 이를테면 거대한 폭풍우가 사납게 휘몰아지는 바다라든가 화염에 불타거나 거대한 새들에 쪼아 먹히는 벌거벗은 몸뚱이들로 가득한 히에로니무스 보스의 작품을 보고 걷잡을 수 없이 빨려 들

어갈 때 우리가 느끼는 쾌락
을 '인간 능력들의 자유롭고
조화로운 놀이'라고 표현하기
는 어렵다. 이때 우리가 즐기
는 것은 마음의 평화가 아니
라 혼란에 가깝다. 칸트가 '아
름다움'에 대한 감정과 '숭고
함'에 대한 감정을 구분할 때
후자는 안도감보다는 내적 균
열을 가리킨다. 휘몰아치는
폭풍우를 후자의 예로 든다.
그런 무시무시한 장관 앞에서
느끼는 쾌락에는 일종의 공
포가 섞여 있다. 감당할 수 없
이 혼란스럽고 불균형한 어떤
것, 입을 벌린 심연과 같은 것
이 눈앞에 펼쳐질 때 우리는
의지적으로 쫓아낼 수 없는
이 무한과 그것을 받아들이려
는 내면적인 욕구 사이에서
진퇴양난의 갈등을 겪는다.
이처럼 '숭고함'에 대한 감정

히에로니무스 보스, 쾌락의 정원 일부

이라는 유보 항목을 설정했어도 사실상 칸트 미학은 폭력적이고 충격적이고 심지어 괴기스럽기까지 한 작품에서 우리가 경험하는 이런 양가적인 감정을 제대로 조명하지 못한다. 멀리 갈 것도 없이 우리가 발튀스의 「방」(1952~1954년 작. 벌거벗은 여자가 죽은 듯이 얼굴을 젖힌 채 누워 있고 그 맞은편에는 냉혹한 표정을 짓고 있는 여자의 난쟁이 분신이 창의 커튼을 걷어 햇빛이 방으로 들어오게 하고, 고양이가 그 장면을 주시하고 있다.) 같은 그림이나 현대 예술가들의 설치미술이나 행위예술, 사진 연작에서 느낄 수 있는 미적 쾌락은 마치 불심검문이라도 당하는 듯

발튀스, 방

48

한 거북한 기분에 가깝다. 이런 감정은 사실상 '내적 조화'와는 거리가 멀다.

또한, 미적 감동이 쾌락을 주는 것은 그것이 오로지 나만의 것이기 때문이라고 생각하고, 그것을 타인과 나누고 싶은 마음이 전혀 없는 사람은 칸트의 주장에 반대할 수도 있을 것이다. 그럴 때 칸트의 주장과는 반대로 쾌락은 미적 감동의 소통 불가능한 성격, 열쇠 없는 비밀 정원에 우리를 가두는 방식을 통해 느낄 수 있다. 자, 선택은 둘 중 하나다. 칸트의 해석을 신뢰하여 소통이 단절된 미적 쾌락은 불완전하고, 타인도 내가 느끼는 아름다움을 똑같이 느낄지 모른다고 생각하면 미적 쾌락이 더욱 강렬해진다고 믿든가, 아니면 칸트 미학의 한계를 인정하고 그런 일치에 대한 전망이 지나치게 이상주의적임을 인정할 수도 있다.

자, 이렇게 아름다움을 느끼는 데 아무 기준도 없다는 사실을 애석해할 사람도 있을지 모르겠다. 그렇다면 뤼시의 아들이 반 고흐의 그림 앞에서 갑자기 멈춰 선 까닭은 무엇일까? 칸트의 대답은 간단명료하다. 거기에는 이유랄 것이 없다. 그 그림의 형태와 색이 그 '능력들의 자유롭고 조화로운 놀이'에 적합했던 것뿐이다. 조화가 또 다른 조화를 불러온 것이다. 물론 이런 대답은 불충분해 보인다. 밤의 카페를 밝히는 그 짙은 노란색은 격렬한 생명력, 고통스러울 만큼 강렬한 욕망을 상징하지 않을까? 하늘의 암청색은 해가 서문 동안 밤새늘이 찾는 위안을 상징하지 않을까? 요컨대, 이 모든 것의 아름다움은 가치들을 상징하지 않을까? 그리고 뤼시의 아들이 그 아름다움을 감지할 수 있었던 것은 비록 선명하게 의식하지는 못해도 그 가치들을 추구하고 있었기 때문이 아닐까? 눈 덮인 산봉우리 풍경도 어떤 정신적 고양을 상징하지 않을까? 내가 그 풍경을 바라보고 감동한다면, 사실상 '절정'이나 '정상' 같은 관념 자체에 반응하는 것이 아닐까? 이때 내가 바라보는 정점은 내가 살아온 삶의 정점일 수도 있다. 아니면 무한한 자연 혹은 조물주 앞에서 티끌보다 작은 인간이라는 개념을 실체화한 형태로 포착했을 수도 있다. 아리스토텔레스부터 성 아우구스티누스에 이르는 수많은 사상가가 공통으로 고백한 경험에 따르면, 그들은 세계의 아름다움이 드러나는 방식을 신이 존재한다는 표지로 받아들였다. 하지만 칸트 미학에서 아름다움에는 아무런 의미가 없다. 아름다움은 오직 그 자체 말고는 아무것도 가리키지 않는다. 하지만 빵집을 나서는 그 갈색 머리 아가씨의 아름다움이 그렇게까지 무의미한 것일까? 정말로 그것은 완벽한 형태를 띤 얽히고설킨 형태의 결합에 불과한 것일까? 어느 날 임마누엘 칸트의 주의를 끈 창밖 풍경처럼? 강박적으로 여자를 탐하던 유혹자를 멈춰 세울 힘이 있다면, 그 여자의 모습에는 어떤 식으로든 의미가 있지 않을까? 이를테면 그 모습이 남자의 고질적인 여성 편력에 종지부를 찍을 수도 있지 않을까? 하나의 아름다운 모습이 그 존재에 대한 완벽한 통찰의 상징이 될 수는 없을까?

어쩌면 결국 그 모든 이상, 가치, 의미의 논리에 접근하기 위해 우리에게 아름다움이 필요한지도 모른다. 단, 논리적으로 숙고하지 않고 그처럼 우회적이고 독특한 방식으로 접근하기 위해서, 즉 심미적 방식으로 접근하기 위해서 말이다. 우리는 아름다움과 만날 때 무의식중에 상상할 수 있는 가치의 범위를 확장하고, 의식하지 못한 사이에 이전과 전혀 다르게 생각하기 시작한다. 어쩌면 그것이 우리에게 아름다움이 필요한 이유인지도 모른다.

2장
의미를 체험하다

나는 처음 데이비드 보위의 노래를 들었던 때를 지금도 기억한다.

내 나이 열다섯 살이었고, 소나무 숲 속에 있는 어느 집에서였다.

'로큰롤 수어사이드'라는 처음 듣는 노래였다. 나는 굳이 가사를 이해하려고 애쓰지 않았지만,

그때 내가 받은 감동에 비춰보건대, 인간의 실존에 관해 많은 비밀을 드러내는

강렬한 가사라는 사실에는 의심의 여지가 없었다.

우리가 몸으로 사고할 수 있다는 사실을 잊지 않기 위해서는 아름다움이 필요하다. 오랫동안 서양에서는 인간을 정신과 육체로 양분된 존재로 형상화해왔다. 이 같은 이원론적인 관점은 플라톤, 데카르트는 물론 수많은 석학의 정신에 깊숙이 자리 잡고 있었다. 인간은 몸으로 느끼고, 정신으로 생각한다고 믿어온 것이다. 지금부터 우리가 무너뜨려야 할 고정관념이 바로 이런 이원주의다. 왜냐면 우리는 미적 감동을 '몸과 함께 사고하는 방식'이라고 정의하기 때문이다.

나는 처음 데이비드 보위의 노래를 들었던 때를 지금도 기억한다. 내 나이 열다섯 살이었고, 소나무 숲 속에 있는 어느 집에서였다. '로큰롤 수어사이드(Rock and Roll Suicide)'라는 처음 듣는 노래였다. 나는 굳이 가사를 이해하려고 애쓰지 않았지만, 그때 내가 받은 감동에 비춰보건대, 인간의 실존에 관해 많은 비밀을 드러내는 강렬한 가사라는 사실에는 의심의 여지가 없었다. 나는 가사를 온전히 이해하지는 못했지만, 한 가지는 분명했다. 내가 그의 생각에 동의한다는 사실 말이다. 나는 나 자신보다도 그에게 더 열렬히 동의했다. 삶의 방식이든, 인간과 신의 개념이든, 사랑과 우정에 대한 통찰이든, 무엇인지는 몰라도 나는 무조건 그에게 찬성했다. 나는 그가 무슨 말을 하는지는 몰랐지만, 내가 그의 말에 동의한다는 것만은 확실히 알았다. 내가 듣는 것에는 의미가 있었고, 미적 감동의 소용돌이에 빠진 내게 와 닿은 것은 바로 그 의미였다. 그것은 단지 귀로 듣기에 좋은 소리가 아니라 가치를 상징하는 소리였다. 그런데 그 가치는 이상한 길로 접어들었다. 내 귀로 들어와 급기야 내 정신을 홀린 것이다. 당시에 나는 '이원론'이라는 말을 들어본 적도 없었지만, 그런 말을 들었더라면 단박에 그 허위를 폭로하려고 들었을 것이다.

나는 마찬가지로 마드리드의 프라도 미술관에서 벨라스케스의 「주정뱅이들」을 보았을 때 받은 감동도 잊지 않고 있다. 그 주정뱅이들의 불콰한 얼굴이며 술살이 두둑이 오른 생김새며 피로에 지쳐 흐리멍덩하면서도 즐거워 보이는 눈을 넋 놓고 바라보느라 아무 생각도 나지 않았다. 나는 바라보았다. 아니, 정확히 말해, 그것이 보였다. 무엇이 보였느냐고? 피로에 절은 남자들의 아름다움, 삶이 고달파 술에 취하고 녹초가 된 그들에게서 공통되게 느껴지는 '인간적인' 아름다움이 보였다. 그것이 모두 그 그림 안에 있었을까? 아니다. 글쎄, 그랬다고 할 수도 있고 아니라고도 할 수도 있겠다. 안에도 조금, 밖에도 조금 있었다고나 할까? 그것은 그 그림에 말 그대로 상징화되어 있었다. 그렇다면 내가 경험한 감정은 어디서 온 것일까? 그것은 나를 어

벨라스케스, 주정뱅이들

디로 이끌어 가는 것일까? 역시 가치로 이끈다. 여태 내가 성찰한 적
도 없고, 지적으로 사유한 적도 없는 가치로 이끈다. 단지 벨라스케스
의 그림에 드러난 색채와 형태의 아름다움을 느꼈을 뿐인데, 나는 어
느새 인간에 대한 어떤 견해를 공유하게 된 것이다. 즉, 인간의 위대함
을 화려함보다는 쇠락해가면서도 인간다움을 유지하는 능력에서 찾
는 관점에 동조하게 된 것이다. 이처럼 위세보다는 허약함에서 인간의
본모습을 찾는 관점의 타당성을 누군가 논증을 통해 주장하려고 했다
면, 나는 공감할 수 없었을 것이다. 어쩌면 반대했을지도 모른다. 미적
감동의 순간에 내가 매혹되었던 것은 그것의 의미를 성찰해서기 아
니라 체험했기 때문이고, 정신이 아니라 감각으로 의미를 받아들였기

귀스타브 모로, 오이디푸스와 스핑크스

오이디푸스 석상

때문이다. 간단히 말해 나 자신이 '지적인 육체'가 되었기 때문이다.

혜겔은 이런 현상을 누구보다도 명쾌하게 설명한다. 아름다움은 우리를 매혹한다. 왜냐하면 아름다움에는 의미가 있기 때문이다. 아름다움은 의미를 상징화한다. 혜겔이 작품의 '내용'이라고 부른 것을 우리는 눈과 귀로 만난다. 즉, 작품에 내재된 가치들의 내용, 암묵적인 세계관의 내용과 만나는 것이다. 그렇다, 이것이 바로 우리에게 아름다움이 필요한 이유다. 의미를 체험하기 위해서, 감각 능력의 정신적 차원을 계발하기 위해서, 가치들과 맺는 관계의 범위를 확장하기 위해서.

우리가 아름다움에 대해 생각하면서 칸트의 논의에 이어 혜겔을 살펴보는 것은 결코 우연이 아니다. 게다가 혜겔은 칸트의 저작이 나온 지 몇 해 뒤 칸트에게 본때를 보여주고 싶어 전전긍긍하며 『미학』을 집필했다. 엄청난 천재적 재능을 제외하면 그들은 모든 면에서 정반대였다. 혜겔은 기혼이었고, 어린 딸을 잃었으며, 아들을 둘 두었다. 게다가 사생아도 서자로 받아들여 적자들과 함께 키웠다. 그는 세속적인 삶을 살았다. 대형 강의실에서 강의했고, 자신이 사는 도시의 정무에 참여했고, 많은 곳을 여행했다. 예술을 사랑했던 그는 허리 통증도 무릅쓰고 몇 주 동안이나 사륜마차로 유럽의 여러 박물관을 돌아보았다. 걸작들이 있는 곳에 직접 찾아가 감상하고 자신의 이론을 검증하고 싶었기 때문이었다. 혜겔은 『미학』에서 아름다움이 어떻게 그 시대의 감각을 드러내고 특정한 가치들을 상징화하는지를 제시하면서 예술의 역사를 다시 읽었다. 그는 아마도 서양의 철학자 가운데 예술에 대해 가장 탁월하게 성찰한 인물일 것이다. 내가 이 책에서 감상하기를 권하는 이집트의 스핑크스, 아폴론적인 고대 그리스의 조각상, 라파엘로의 작품 「폴리뇨의 마돈나」 같은 걸작들에 관해 헤겔은 이미 탁월한 해석을 남겼다.

헤겔의 방법론은 놀라우리만치 야심차고 독창적이다. 그는 언제나 문화(역사·정치·경제·종교)의 본질과 그 문화가 낳은 형식미의 전형을 관련짓는다. 이를테면 스핑크스를 언급할 때는 농경문화의 측면에서 고대 이집트를 논한다. 나일 강의 무자비한 범람을 묘사하며, 그것이 어떻게 당시 사람들을 두려움에 떨게 하면서도 매혹했는지를 보여준다. 이어서 그는 이집트인들이 예측할 수 없이 위협적인 자연에 매혹되면서도… 아주 정교하고 고도로 발달한 관개수로를 발명했다고 덧붙여 말한다. 헤겔은 그 같은 사실을 들어 그들이 느낀 자연에 대한 매혹이 발전을 향한 갈증과 양립할 수 없는 것은 아니었다고 주장한다. 파라오들이 지배하던 이집트는 부계 통치 사회였다. 혈통의 법—즉 자연—이 정치권력을 결정했다. 고대 이집트인들은 나일 강의 범람에 순응했던 것처럼 그런 자연법칙에도 순응했다. 하지만 여기서도 자연의 힘에 매혹되면서도 그들은 아주 정교한 행정기구를 고안해냈다. 이는 전문화된 정치 엘리트들이 엄격한 위계질서를 이루고 파라오를 보좌하는 형태로, 현대적 행정기구의 '과학적' 성격을 예고하는 사례다. 헤겔은 이처럼 이집트 문명이 자연의 막대한 힘에 매혹되었던 것이 분명하지만, 동시에 위대한 문화를 향해 나아가는 여정에서 획기적인 발전을 이루고자 했음을 보여준다. 이것이 바로 이집트 문명의 '내용'이다. 그런데 스핑크스란 무엇인가? 그것은 위압적이고 거대한 고양잇과 동물의 몸에 인간—주로 여성—의 가슴과 얼굴이 달린 형상이다. 달리 말해 자연에서 서서히 해방되던 문화의 형상이다. 헤겔은 스핑크스가 그런 이집트의 본질을 상징화한다고 결론짓는다. 스핑크스의 아름다움은 본질과 무관한 장식적 요소가 아니라 진실의 섬광이다. 그러므로 스핑크스의 아름다움을 느낀다는 것은 문화 전체가 자신을 매혹하는 자연에서 벗어나기를 열망한다는 생각에 동조한다는 것이다. 또한, 의식하거나 깨닫지 못해도 문화의 이런 정의를 체험하는 것이다. 그것은 표면적인 형상들을 관조함으로써 '문화의 내용'을 체험하는 행동이고, 감성의 심부에서 의미와 만나는 과정이다. 다시 말하건대, '지적인 육체'가 되는 것이다. 헤겔이 죽고 몇 년이 흐른 뒤 니체는 이렇게 썼다. "위대한 이성, 그것은 육체다."

이것 역시 너무 지적인 접근일까? 그렇다면 조금 더 쉽게 말해보자. 루브르 박물관을 찾은 젊은 아버지와 세 살배기 아들을 상상해보자. 그들은 이집트 전시관의 장엄한 스핑크스 앞에 서 있다. 앞서 우리 이야기에 등장한 강박적인 바람둥이는 사실 어린 아들을 둔 아버지이기도 하다. 그는 이 아이의 어머니인 젊고 매력적인 갈색 머리 여성과 결혼했지만, 중독자처럼 거리에서 여자 낚기를 반복하다가 결혼생활은 물론이요 아들과 함께하는 일상마저 잃었다. 그는 이제 매주 수요일 오후와 격주로 주말에만 아들을 만난다. 자, 이 부자가 동시에 스핑크스 앞에서 무언가를 느낀다고 가정해보자. 아버지는 무엇을 볼까? 아들은 무엇을 볼까? 아버지는 과거에 존재했던 어느 문명의 자취밖에 보지 못하는 것은 아닐까? 헤겔은 아니라고 답하리라. 만약 그렇다면 그가 스핑크스의 아름다움에 충분히 미적이라기보다는 지나치게 지적인 태도를 보인 탓이리라. 예술은 확실히 과거의 현존과 비슷하다. 하지만 그 과거는 우리의 과거이며, 우리의 현재에 살아 있다. 바로 그 점을 밝힌 것이 헤겔의 위대한 업적이다. 그에 따르면 역사란 지나온 단계가 영원히 포함된 발전이다. 인류 역사의 관점에서 보면 고대 이집트 문명은 인류의 유년기다. 스핑크스 앞에서 아버지는 일종의 마법적인 현존을 바라본다. 마치 그 아름다움에 과거를 영속시키는 힘이 있다는 듯이. 하지만 또 다른 것도 있다. 그는 이 과거에 무언가 빚진 기분이 들어 혼란스럽다. 만약 이집트가 이와 같지 않았더라면 그도 지금처럼 존재하지 않았을 것이다. 우리는 이집트인들 덕분에 모든 문화, 모든 문명의 운명이 자연의 힘에 끌림에도 불구하고 자연의 힘에서 벗어나는 데 있음을 이해한다. 물론 아버지는 이 모든 것을 성찰하지도 않고, 또 피곤하게 논증할 필요도 못 느낀다. 그저 스핑크스의 아름다운 형태를 바라보는 것으로 만족한다. 그렇다면 아들은 어떨까? 여자 머리가 달린 사자를 보고 있을 뿐일까? 아니, 그렇지 않다. 스핑크스의 형태에 감동하고 그것이 아름답다고 느낀다면, 아들도 자기가 보는 것의 의미를 경험한다. 게다가 이 스핑크스의 형상은 아버지보다 어린 아들과 더 관계가 깊다. 이제 부모에 대한 의존에서 벗어나 독립된 개체가 되어가는 아들도 자연에서 분화해가는 반인반수(半人半獸)의 스핑크스와 같은 난세에 있다. 아이는 기서귀를 뗀 지 얼마 되지 않았고, 곧 유치원 상급반으로 올라간다. 그야말로 자연 상태에서 벗어나 인간이 되어가는 중이다. 결국, 스핑크스가 아버지와 아들에게 상징하는 바는 크게 다르지 않다. 스핑크스는 우리가 인간이 되기 위해 치러야 할 대가, 그 변화가 우리에게 부과하는 과제, 그 변화가 우리의 위대함이자 부담인 이유를 상징화한다.

실제로 스핑크스의 질문('아침에는 네 발, 낮에는 두 발, 저녁에는 세 발로 가는 동물은?')도 자연과 문화의 관계를 암시하지만, 단지 감각에 호소하는 방식으로 물을 뿐이다. 이처럼 우리는 이성적 성찰을 거치지 않고도 단지 미적 감동을 경험함으로써 그 모든 질문과 만날 수 있다. 그것이 바로 우리에게 아름다움이 필요한 이유다.

헤겔이『미학』을 출간한 것은 1830년으로 프로이트는 태어나기도 전이다. 하지만 헤겔의 이 선구적인 저작에는 이미 프로이트적인 통찰이 담겨 있다. 다시 말해 헤겔은 우리가 의식하지 못한다고 해서 아름다움이 던지는 그 모든 질문을 경험하지 않는 것은 아니라고 주장한다. 그것은 바로 프로이트가 말하는 '리비도 부착'[1]의 특성이기도 하다. 나의 리비도가 특정 대상(신체 부위나 형상)에 '부착'되면, 나는 그 대상에 비판적·반성적 거리를 유지할 수 없게 된다. 의미는 곧장 내 안으로, 나의 무의식으로 침투한다. 이처럼 가치들을 우리 안에 직접 퍼뜨리는 것이 아름다움의 힘이며 감각적 형상들의 능력이다.

결국 헤겔이 아름다움과 진리의 관계에 대해 말하는 바를 아주 단

---

1) 프로이트는 리비도를 단순한 성욕이 아니라 정신적 표상이나 마음의 구조에 투입되는 일종의 정신적 에너지로 보았다. 프로이트는 자기 자신(자기표상)에게 투입되는 에너지로서의 리비도를 자아 리비도, 대상에 투입되는 리비도를 대상 리비도라고 불렀다. 이렇게 에너지가 주체나 객체에 투입된 현상을 '리비도 부착(Libido Adhesion)'이라고 한다.

순화한다면 '우리는 무언가가 진실하기에 그것이 아름답다고 느낀다.'라고 표현할 수 있을 것이다. 하지만 이런 생각에 반대할 사람은 수없이 많다. 이를테면 데이비드 흄이나 테렌스 허친슨 같은 앵글로색슨계 경험주의자들은 아름다움이 그저 우리의 눈과 귀를 즐겁게 하는 소리나 형태의 조합일 뿐이며, 거기에는 교육 수준이나 미적 규범에 대한 친밀도가 작용한다고 말한다. 즉, 진리와는 무관하다는 것이다. 하지만 강렬한 미적 감동을 몸소 경험한 사람이라면 경험주의자들의 이런 환원적인 설명보다는 '진실하기에 아름답다'는 극단적인 견해를 주저 없이 받아들일 것이다. 게다가 여기서 '진실하다'는 말의 뜻을 세밀히 규정하려고 드는 것도 무의미하다. 차라리 눈을 감고 바흐의 「파르티타 6번」을 연달아 감상한 뤼시에게 물어보라. 아니면, 자기 집 거실에서 볼륨을 한껏 높여 「암스테르담(Amsterdam)」을 듣고 난 자크 브렐의 팬이든, 빨려들 듯 그림을 바라보며 서 있는 감상자든, 발걸음을 멈추고 이탈리아의 성당이나 아름다운 풍경을 넋 놓고 바라보는 산책자든 누구라도 상관없다. 그들은 결코 자신이 경험한 미적 감동이 단순한 감각적 쾌락이라고는 말하지 않을 것이다. 그들은 하나같이 아름다움의 신비가 어떤 식으로든 진실과 관계를 맺으며 작동한다는 견해에 동의할 것이다.

이제 수십 세기를 건너뛰어 보자. 아폴론 상이 우리 앞에 서 있고, 아테네의 거리 곳곳에 완벽한 균형과 조화를 자랑하는 수백 개의 조각상이 즐비하게 늘어서 있다. 그리스인들은 그 조각상들을 사랑했으며 거기서 신들의 얼굴을 보았다. 그중에서도 아폴론은 인간-신으로 완벽한 인간이자 인간이 된 신이었다. 그런데 그리스인들은 또 무엇을 발명했던가? 바로 철학과 민주주의를 발명했다. 균형과 중용을 실천하는 이 두 가지 활동은 열정의 과잉을 배제하는 인본주의의 얼굴을 보여준다. 철학의 근간인 대화는 각자가 자기주장을 신중히 펼치고, 상대의 말을 경청하고, 언어의 규칙을 존중할 때만 가능하다. 민주주의 역시 토론을 바탕으로 한다. 토론은 토론자 각각이 자기 열정을 제어하고, 타인의 발언을 존중하고, 도를 넘지 않는 선에서 발언해야만 가능하다. 그리스 문화의 '내용'은 과잉이나 과소에 치우치지 않는 메소테스(mesotes), 다시 말해 중용이다. 매사에 균형을 유지하는 능력, 치우침과 과도함에 대한 혐오, 정확한 절도의 추구… 완벽한 중도야말로 그리스인들에게는 이상이었다. 아테네인들은 왜 아폴론 상을 경외했을까? 왜냐면 그들은 거기서 자신을 확인하고, 자신의 가치를 발견했기 때문이다. 그것은 지각할 수 있는 형태로 그들이 누구인지 말해주었다. 아폴론은 아테네인들에게 그들 자신의 가치와 신념이 어떤 것인지를 보여주었다. 거듭 말하지만, 그것은 운동선수들의 근사한 몸매처럼 그저 아름다운 형태가 아니라, 감각적으로 지각할 수 있는 형태를 띤 철학과 민주주의의 가치 자체였고, 완벽하게 형상화한 그들의 신념이었다. 만약 오늘날 우리도 아폴론이 아름답다고 생각한다면, 그것은 이 균형과 절도의 가치에 공감하고 그런 가치에 마음이 끌렸기 때문이다. 적어도 우리가 미적 쾌락을 느끼는 그 순간에는 그렇다. 의미는 지각 가능한 형상의 핵심에서 우리를 매혹한다. 만약 우리가 아폴론이 아름답다고 생각한다면, 그것은 우리가 적어도 조금은 민주주의자이며 적어도 조금은 철학자이기 때문이다. 한마디로 우리 안에 고대 그리스인의 면모가 조금은 존재하기 때문이다. 헤겔의 말이 옳다면, 신념이 확고한 파시스트는 다른 가치의 유혹에 넘어가는 것을 스스로 허락하지 않는 한, 아폴론 상 앞에서 아무 미적 감동도 느끼지 못할 것이다. 그런데 다른 가치, 다른 신념, 다른 세계관의 유혹에 넘어가기를 스스로 허락하는 태도야말로 미적 경험을 확장하는 근본적인 조건이다. 헤겔은 '내용' 없는 아름다움은 없다고 했지만, 그 '실체적 내용'은 아름다움을 통해 유혹적인 것이 될 수 있다. 그 내용은 거부하기 어려운 제안처럼 은밀하게 다가온다.

시기적으로 우리에게 더 가까운 예로 라파엘로의 작품 「폴리뇨의 마돈나」가 있다. 그림에서 성모마리아는 품에 아기를 안고 예수를 사랑이 가득 담긴 눈빛으로 바라본다. 그녀의 모든 것이, 특히 가슴의 부드러운 곡선과 따스한 색상이 아기를 보호하고 보살피는 모성애를 암시한다. 하지만 그녀의 시선은 인간적인 것을 뛰어넘는 강렬한 빛을 발한다. 헤겔은 이 어머니의 모성애 역시 지고의 사랑, 모든 인간을 향한 신의 사랑으로 빛난다고 말한다. 그것이 바로 이 그림이 상징하는 '내용'이다. 헤겔에 따르면 기독교적 사랑이라는 '실체적 내용'에 동조하지 않고는, 다시 말해 기독교적 가치의 유혹에 매료되지 않고는, 미적 감동의 순간에 '기독교적 사랑'이라는 가치의 힘을 엿보지 못하고는 이 마돈나의 아름다움을 감상할 수 없다는 것이다.

이와 마찬가지로 성마르고 계산적인 서양인들에게 전혀 다른 세

라파엘로, 폴리뇨의 마돈나

계관을 보여주는 데이비드 호크니의 「수영장의 두 소년, 할리우드」 같은 그림의 아름다움을 음미하기는 거의 불가능한 일이다. 자아와 자기 육체에 대한 몰두, 나른함과 인정된 경박함, 자유롭고 감미

데이비드 호크니, 수영장의 두 소년, 할리우드

로운 관능…. 이와 마찬가지로 '자메이카'라는 낯선 나라, 다른 존재 방식, 다른 가치에 매혹될 수 없다면, 다시 말해 전혀 다른 삶의 가능성과 가치의 진실을 엿보지 못한다면, 밥 말리의 레게음악을 즐기고 미적 쾌락을 느끼기란 불가능한 일이다. 바로 여기에 아름다움의 힘이 있다. 데이비드 호크니의 선명한 원색과 순진한 형태는 단순히 색과 형태가 아니다. 밥 말리 레게음악의 특징적인 리듬이 그저 단순한 리듬이 아닌 것과 마찬가지다. 기존의 것과 전혀 다른 색과 형태, 리듬과 소리는 전혀 다른 삶의 가능성을 전해주는 전령이다.

이 현상을 더 잘 이해하려면 '상징'이라는 개념을 다시 살펴봐야 한다. 헤겔은 『미학』의 서문에서 '상징은 그것이 전달하는 의미의 일부를 그 물질성 자체에 포함시키지만 그것은 일부에 지나지 않으며,

물질 너머에 존재하는 다른 일부를 가리킨다.'고 말했다. 다시 말해 '신의 사랑'이라는 의미의 일부는 라파엘로의 그림에서 아들을 바라보는 마리아의 홀린 듯한 시선에서 비롯하지만, 그것은 일부일 뿐이다. 우리는 화폭에 형태와 색으로 나타난 일부만을 보면서도 (아름다움의 마법에 사로잡혀) 화폭에 보이지 않는 것, 물질 너머에 있는 것에도 동의한다. 이때 보이는 것과 보이지 않는 것을 연결하는 것이 바로 우리가 경험하는 감동이다.

이처럼 상징은 언제나 부재의 현존이다. 이를테면 이 그림에서 어머니와 아이, 애정 어린 응시는 눈에 보이는 색과 형태로 나타나지만, 모든 인간을 향한 신의 사랑은 화면에서 찾아볼 수 없다. 눈앞에 한 점의 그림이 존재할 뿐, 가치는 부재한다. 우리 눈은 보이는 것만을 보지만, 실제로 우리가 만나는 것은 눈에 보이지 않는 것이고, 우리는 그 부재하는 것에 동의한다. 게다가 예술가의 재능은 존재하는 것과 부재하는 것의 배합에서 발휘된다. 너무 많은 것이 드러나 있으면 그 설명적인 무게가 상징적인 환기력을 해친다. 그럴 때 우리는 동조하지 않는다. 반면에 충분히 드러나 있지 않으면 아무 일도 일어나지 않는다. 이때도 우리는 반응하지 않는다. 감동은 예술가가 제시한 것을 해석할 때 생겨난다. 예술가가 형태와 색을 통해 무언가를 제시하면서 어떤 이야기를 시작하면, 우리는 자신의 행위가 자발적이라는 환상 속에서 예술가의 시도를 이어받는다. 그렇게 우리는 예술가의 능숙한 솜씨에 인도된다. 미적 쾌락은 바로 여기서 생겨난다. 아름다움은 우리보다 강력하고, 우리는 그렇게 인도되면서 쾌락을 경험한다.

실제로 이런 쾌락은 칸트가 말했던 '내적 조화'에서 생겨난다고 볼 수 없다. 그보다는 감성이 정신에 감각을 따르라고 '강요하는' 현상에서 생겨난다. 바로 이 불편함에 가까운 느낌이 때로 미적 쾌락에서 이질감을 감지하게 한다. 이 느낌은 마치 죄악시하는 어떤 대상에 다가갈 때 생길 법한 감정이다. 실제로 아름다움에는 부정할 수 없는 위험이 내포되어 있다. 앞서 말했듯이 갑자기 아폴론 조각상의 균형미에 사로잡힌 파시스트는 민주주의적 가치의 시험을 받을 수도 있다. 하지만 역사적으로 실제로 벌어진 일은 그 반대다. 이를테면 1930년대 독일인들은 인종주의자든, 반유대주의자든, 국가주의자든, 제국주의자든 나치 정권이 사용한 다양한 미적 상징의 설득력에 민감하게 반응했다. 모든 예술이 거대한 행사를 조직하는 데 동원되었다. 그들은 건축가 알베르트 슈페어(Albert Speer, 히틀러 측근으로 나치 군수장관을 지냈고, 뉘른베르크 재판에서 판결받고 20년간 복역했다)가 설계한 압도적 기념비들의 발치에 정렬하고, 남성적 힘과 지배욕을 상징하는 아르노 브레커(Arno Breker, '히틀러의 미켈란젤로'로 불렸다)의 수많은 조각상에 둘러싸여 위대한 역사의 장엄함을 고무하는 공격성의 완벽한 상징과 같은 바그너 풍 합창에 고양되었다. 건축, 조각, 음악, 심지어 영화까지 모든 종류의 예술이 대규모 행사를 조직하는 데

아르노 브레커, 전사

알레르트 슈페어, **빛의 성전**

동원되었다. 히틀러는 바로 아름다움을 통해 자신의 제안을 국민에게 전달했다. 물론 어떤 이들은 이미 제국주의자, 국가주의자, 반유대주의자였겠지만, 다른 이들은 이 아름다움의 힘이 이성의 제방을 허물며 마음속으로 밀려오는 현상을 경험했을 것이다. 만약 히틀러의 제안이 단순히 합리적 언어로 전달되었다면, 그들은 나치 이데올로기를 거부했을 것이다. 예술과의 연대가 없었다면 나치의 정책은 그토록 눈부신 대중적 성공을 거두지 못했을 것이다. 권력과 아름다움의 위험한 연대를 보여주는 극단적인 예로, 불타는 도시의 아름다움을 감상하는 이유를 즐기기 위해 로마를 불대있디ㄴ 네로라는 전설저 인물도 있다.

우리는 지금까지 아름다움의 매혹(fascination)을 이야기했지만, 그

72

단어의 어원에 대해서는 살펴보지 않았다. 매혹은 매력(charme)과 마력(maléfice), 두 가지를 모두 뜻한다. '매력'은 형태와 소리를 통해 우리를 사로잡아 인도하는 힘이다. 한편 '마력'은 우리를 무장해제하여 때로 죄악에까지 동조하게 하는 힘이다. 그렇다면, 과연 어디까지가 매력이고 어디서부터 마력일까? 그리고 무엇보다도 과연 마력의 위협 없이 매력이 발휘될 수 있을까?

아름다움이 위험한 역할을 하고 전체주의 도구가 되기도 했다면, 그 자체로 위협적이라는 이유로 아름다움을 금지해야 하지 않을까? 그런데 오히려 그 반대라면? 우리의 가치와 신념이 위험에 빠지는 상황을 받아들이기 위해 아름다움이 필요한 것이라면? '아름다움'이라는 매개가 없었다면 의심하지 않았을 우리의 가치 체계를 들여다볼 기회를 자신에게 허락하기 위해 아름다움이 필요하다면?

오늘날 알베르 카뮈의 『이방인』 같은 소설의 투명하고 독특한 아름다움을 음미하는 것은 실존을 바라보는 부조리한 시선의 가능성을 엿보는 일이기도 하다. 이 소설에서 주인공은 어머니의 죽음을 마치 일기예보처럼 건조하게 언급하고, 단지 햇살이 눈을 찔렀다는 이유로 살인을 저지른다. 생명의 가치를 존중하고, 사랑하는 사람을 잃을까 봐 두려워하는 평범하고 도덕적인 사람들에게 『이방인』의 반(反)영웅 뫼르소의 태도는 낯설고 비인간적이며 납득할 수 없는 것으로 다가온다. 이야기는 사실적이고 이성적으로 묘사되지만, 그의 태도는 끝까지 이해할 수 없는 것으로 남아 그의 광기를 입증한다. 하지만 이 소설은 너무도 아름답고 너무도 철두철미하게 혁신적이며, 카뮈의 문체는 너무도 명징하고 관능적인 데다 햇살이 쏟아지는 알제리의 분위기가 너무도 잘 표현되어 있어서, 우리는 낯선 가치에 친근함을 느끼게 되며, 심지어 압도된다. 뫼르소는 어머니의 장지에서도 울지 않는다. 그는 무엇보다도 더위에 짜증이 난 것처럼 보이고, 니코틴에 대한 욕구를 채우고 싶어 전전긍긍한다. 이튿날 그는 한때 직장 동료였던 아가씨를 만나 그녀와 몸을 섞는다. 죽은 엄마에 대해서는 아무 생각도 없는 것 같다. 그는 별다른 이유도 없이 아랍인 남자를 죽이고, 움직이지 않는 그의 시체에 총질을 해댄다. 우리는 그를 비난하고 증오해야 마땅하지만, 마음 한쪽에서 그를 이해한다—이것이 바로 소설의 힘이다. 카뮈의 문장이 워낙 아름답고 극적인 구성이 치밀해서 '이방인'에게 이런 연민이 생기는 것이다. 이 친밀감의 결과는 무엇인가? 가치에 대한 태도에 실질적인 변화가 일어나지는 않더라도, 감성의 확장 혹은 더 정확히 말해 내면의 확장이 일어난다. 미적 감동을 경험할 때 우리 내면에 '그것이 열린다'. 아무리 순식간에 닫혀버린다 해도 상관없다. 그것은 생명의 움직임 자체이기 때문이다. 내면을 휘젓는 감성의 생명력을 느끼기 위해 우리에게는 아름다움이 필요하다. 하지만 내면적 삶에 새로운 가능성을 부여하는 데 이런 접촉이 지속적일 필요는 없다. 그 접촉이 그저 찰나의 움직임일 뿐이라 해도, 우리는 아름다움의 놀라운 힘에 화들짝 깨어나 더욱 생생하게 살아 있게 된다. 우리가 타자의 가치에 시험받는 상황을 용납하겠는가? 아마도 그러지 않을 것이다. 우리는 오직 아름다움 안에서, 아름다움 덕분에 세상을 향해 자신을 연다. 덴마크의 영화감독 카를 테오도르 드레위에르의 걸

카를 테오도르 드레위에르, 오데트 일부

작 「오데트」는 아름다움이 가능하게 하는 이 열림의 상태를 눈부시게 묘사한다. 이 영화에는 시골에 사는 아버지와 세 아들이 등장한다. 장남은 결혼해서 두 아이를 두었고, 둘째아들은 한 아가씨와 사랑에 빠졌으나 그녀의 부모가 결혼을 반대한다. 셋째아들 요한은 자신이 예수 그리스도라고 믿고 아침마다 산으로 이웃 마을로 설교하러 간다. 처음에 그는 미치광이나 바보처럼 보이지만, 결국 이틀 전에 죽은 형수를 살려내고, 점차 진정한 예수로 인정받게 된다. 이 영화의 과격한 기획은 이처럼 관객이 예수의 기적을 보게 하는 데 있다. 각 장면은 지극히 정교하게 구성되어 있으며, 조명과 장면 연출 효과를 통해 요한을 바라보는 시선의 변화가 장엄하게 표현된다. 이 흑백 영화는 놀랄 만큼 느리고, 말할 수 없이 아름답다. 특히 하느님의 말씀을 전하기 위해 자주 언덕을 헤매는 요한은 우리 눈앞에서 예수가 되어가고 있는 것처럼 보인다. 요한의 말을 듣고 죽은 여자가 눈을 뜨는 마지막 장면—아마도 영화사에서 유명한 마지막 장면 가운데 하나일 것이다―에 이르기까지 말로 표현되는 것은 거의 없고, 모든 것이 오직 시각적으로 제시될 뿐이다.

예수는 이제 우리 가운데, 우리 앞에 있다. 우리 눈앞에서 그는 죽은 여인이 눈을 뜨게 한다. 이 영화의 아름다움에, 장면 연출의 형식적 완벽함에 감동한다는 것은 곧 그 미적 쾌락의 순간에 신비주의적 세계관의 유혹을 받는다는 것을 뜻한다. 아무리 철저한 현실주의자라 할지라도「오데트」의 아름다움을 느낀다면 문득 자기 안에 잠자던 신비주의자를 발견하게 될 것이다. 그의 마음속 깊은 곳에는 신비주의가 될 가능성이 존재해왔던 것이다. 하지만 아름다움이 아니었다면, 그는 자기 존재에 대해 한 치의 의심도 하지 않았을 것이다.

우리는 다른 장르의 영화를 볼 때면 다른 유형의 열림을 경험한다. 왜 우리처럼 정직한 시민이 브라이언 드 팔머 감독의「스카페이스」나 프랜시스 포드 코폴라 감독의「대부」같은 폭력적인 영화를 보며 그토록 깊은 미적 감동을 체험하는 것일까? 영화가 상영되는 동안 우리는 이성과 도덕이 비난하는 행동의 우호적인 목격자가 되거나 그 부정적인 가치에 관대해진다. 이런 영화는 폭력이 지배하는 세상(마약 밀매, 조직범죄, 가정폭력, 남성우월주의, 우정의 이상화와 배신)에 대한 두려움과 폭력에 매료되고 폭력을 미화하는 태도 사이를 오간다. 그렇다면, 과감하게 이런 단순한 실문을 너셔보사. 우리가 이런 것들을 '아름답다'고 느끼는 것은 과연 무엇을 의미하는가?

이 질문에 대한 가장 통상적인 대답의 근거는 아리스토텔레스가 말한 '카타르시스' 개념이다. 아리스토텔레스에 따르면, 연극적으로 재현된 폭력은 아테네 관객들이 감동을 통해 스스로 열정의 과잉을 해소하고 정화해서 이전보다 더 안정적이고 선량한 시민이 되어 국가적 관심사에 집중하게 한다. 그들은 눈앞에서 목숨을 잃는 주인공의 비극적인 운명을 염려하고, 그에 대한 연민과 그를 죽이는 자들에 대한 증오를 느끼고, 극단적인 열정을 대리 체험하면서 문명을 위협하는 폭력을 해소하고, 건전한 시민의 삶을 훼방하는 저해 요소들을 제거한다. 이처럼 카타르시스는 사회적으로 유용하며 연극과 영화로 재현되는 폭력은 시민의 삶을 '정화'한다. 오늘날 폭력적인 영화와 텔레비전, 비디오게임의 위험을 과소평가하는 사람들도 아리스토텔레스가 『시학』에서 전개한 이 주장을 즐겨 참조하곤 한다.

만약 그 주장이 얼마간 진실을 포함한 것이 분명하다면, 다음과 같이 다르게 표현할 수 있을 것이다. 즉 관객으로서 미적 감동을 경험하는 순간, 우리는 삶에 의미가 있다고 확신하는 『이방인』의 독자나 현실주의자, 혹은 무신론자인 「오데트」의 관객처럼 우리가 믿는 바와 다를 뿐 아니라 심지어 그것을 위협하는 가치에 동조하고 싶은 유혹을 느끼게 될지도 모른다. 미적 쾌락은 여기서도 우리 내면에서 이처럼 새로운 가능성의 발견하는 것, 다시 말해 자기 안에서 이런 유혹이나 가능성을 경험하는 방식(반드시 의식적이지는 않으므로 '발견'이라는 표현은 부정확하다)과 관련이 있다. 실제로 우리의 세계관과 마피아 두목의 세계관은 서로 아주 멀 것 같지만, 「내부」의 관객으로서 느끼는 기쁨이 말해주는 것은 그 거리가 생각만큼 멀지 않다는 것이다. 미적 쾌락의 이질감은 이 거리를 강조하는 동시에 이 거리가 영원하지 않다는 사실도 강조한다는 사실에서 비롯한다.

하지만 만약 미적 쾌락을 느낀다는 것 자체가 어떤 식으로든 멀리 있는 것에서 낯선 친밀함을 발견하는 것을 뜻한다면? 우리가 결코 가지 않을 길을 조금 가보는 것을 의미한다면? 여기에는 우리가 사랑의 절정에 도달한 순간에 자신을 완전히 잃어버리는 상태와 같은 심미적 자기 상실이 있다. 앞서 칸트가 주장한 대로 미적 쾌락은 다른 모든 타자를 향한 열정과 불가분의 관계에 있다. 그들의 가치관이 어떤 것인지는 중요하지 않다. 아니, 그것은 오히려 자기가 지지하는 가치와 명확히 다른 모든 가치, 이질적인 가능성을 향한 내면적 충동에 가깝다. 이처럼 '조금'이나마 타자가 될 수 있는 대담함을 우리에게 선사하는 것은 아름다움뿐이다. 그렇다, 이때 '조금'이란 미적 쾌락을 경험하는 그 짧은 순간에만 그렇다는 것이다. 하지만 우리가 이 경험을 통해 변화하고, 어쩌면 성장하고, 어쨌거나 확장된 모습을 향해 나아가지 말라는 법은 없다. 아름다움은 지금 우리의 이 모습이 전부라는, 너무나 환원적이고 너무나 보편적인 생각에서 벗어나게 해준다. 「대부」를 보았어도 우리는 여전히 준법정신이 투철하고 선량한 시민일 것이다. 그리고 만약 아리스토텔레스의 주장대로 영화의 카타르시스 효과가 사회성을 고양하고 마음을 진정시킨다면, 우리는 전보다 준법정신이 더 투철하고 더 선량한 시민이 되어 있을지도 모른다. 하지만 그런 것은 중요하지 않다. 설령 우리가 변하지 않고, 군말 없이 일상의 구속을 받아들인다고 해도, 우리 감성의 폭이 확장된 것만은 엄연한 사실이다. 이것이 바로 내면적 삶의 특징이다. 현실적인 삶은 전혀 변하지 않는 것처럼 보일 때조차도 내면적 삶은 그 나름대로 변화를 계속한다. 어떤 사람은 이 내면적 삶에 충실하고자 삶의 방식을 바꾸기도 하지만, 어떤 사람은 그러지 않는다. 하지만 여기서 중요한 것은 두 경우 모두 미적 쾌락이 내면을 확장해 자기계발의 가능성을 확대한다는 점이다.

아름다움은 타자—이방인이든, 신비주의자든, 마피아든—가 생각처럼 멀기만 한 존재는 아니라고 속삭이고, 타자를 조금은 덜 낯선 존재로 보게 하며, 우리가 조금은 우리 자신을 넘어서는 존재라고 말한다.

이런 생각을 에미넴이나 부바의 랩을 좋아하는 나의 취향을 들어 설명할 수도 있겠다. 에미넴의 가사가 더러 인종주의적이거나, 동성애 혐오 경향이 있거나, 반유대적이라는 것은 나도 안다. 하지만 내가 아무리 이런 부류의 생각을 거부한다고 해도, 나는 그의 음악과 멋진 멜로디가 이따금 치고 들어오는, 순수한 분노와 엄청난 에너지로 충만한 그의 공격적인 플로우에 귀 기울이며 꿈틀거리는 기쁨을 느낀다. 이 모순을 어떻게 이해해야 할까? 에미넴의 랩을 좋아한다고 해서 내가 그의 가치관에 동의한다거나 덩달아 버드와이저 맥주, 특대 사이즈 티셔츠, 인종차별적 욕설을 좋아하는 '쓰레기 백인(white trash)'이 되겠다는 것은 아니다. 하지만 이번에도 나는 미적 감동 덕분에 나와 거리가 먼 사람과 조금은 가까워졌다는 기분을 느낀다. 실제 동성애 혐오자이며 인종주의자인 쓰레기 백인은 여태껏 내가 그렇게 생각해왔듯이 딴 세상 사람처럼 먼 존재는 아닌 것이 된다. 물론 멀지만, 한없이 멀지는 않은 존재가 된다는 것이다. 이제 그와 나 사이에 뛰어넘을 수 없는 간극은 없다. 나는 그를 이해할 수 있다. 그렇다고 그가 놓여 있는 상황을 정말로 진지하게 고민하고, 내가 다른 곳에서 태어나 다른 문화에서 성장했더라면 나 역시 삶에 굴복하지 않으려고 쓰레기 백인이 되는 것 말고는 다른 가능성이 없었으리라는 생각에 동의한다는 것은 아니다. 힙합 트랙 하나의 아름다움이 내가 달리 느낄 수 없었을 공감을 불러일으켰다는 것이다. 이와 마찬가지로 프랑스의 래퍼 부바는 노랫말로 칼라슈니코프 소총의 효율과 근육 강화 운동, 운동화 상표, 잭 대니얼 위스키, 대형 자동차와 암거래를 찬양한다. 심지어 부바는 여러 장 골든 디스크로 벌어들인 막대한 수입에 대한 세금을 내지 않으려고 몇 차례 감옥살이를 하고 나서 미국 마이애미에 정착했다. 그의 세계관은 나의 세계관과 정반대다. 하지만 나는 그의 플로우가 보여주는 효율성과 그의 음악이 발휘하는 교향악적인 위력과 상스러운 가사에서조차 포착되는 중간 운과 각운과 낱말에 대한 사랑을 아주 똑똑히 느낄 수 있다. 나는 급기야 사회적 보상이 달러 뭉치와 음반 판매량과 페라리 주위에서 몸을 꼬는 비키니 아가씨의 숫자로 결정된다는 그의 세계관을 떠올리며 이렇게 되뇐다. "그래, 아주 틀린 말은 아니지!"

이 책에서 내가 나 자신을 언급할 때 주로 음악을 예로 드는 것은 우연이 아니다. 아름다움의 철학에 대한 나의 관심은 내가 처음으로 경험한 강렬한 미적 감동에서 비롯됐기 때문이다. 이를테면 데이비드 보위, 루 리드, 레이 찰스, 자크 브렐의 음악을 듣고서 말이다. 나는 고등학교 교정에서 헤드폰을 끼고 카세트테이프 플레이어로 루 리드의 「매직 앤 로스(Magic and Loss)」를 처음 들었을 때를 기억한다. 그때 나는 너무도 순수하고 완벽한 감동을 경험했다. 헤겔은 플라톤과 플로티노스에 이어 "아름다움은 진실의 섬광이다."라고 말했다. 나는 이 명제를 몇 년 뒤 고등학교 졸업반 수업에서 철학 선생님의 입을 통해 처음 들었다. 그분은 느지막이 철학교사 자격을 얻기 전에는 파리 중앙시장의 창고 직원이자 '카운트 베이시 밴드'의 콘트라베이스 연주자였다. 아름다움은 진실의 섬광, 그것이 바로 루 리드를 들었을 때 내가 느낀 바다.

그 감동이 내게 깨닫게 해준 것은 무엇일까? 두 가지다.

첫째, 내 삶과 내가 그렇게 되어야 한다고 생각하는 내 삶 사이에는 거리가 있다. 즉, 실제의 나와 되고 싶은 나 사이에는 거리가 있다.

둘째, 이 거리는 무한하지 않다.

따라서 미적 쾌락은 이중의 효과를 발휘한다. 그것은 내가 나의 '자아 이상'[2]에서 한참 떨어져 있음을 자각하게 했지만, 동시에 나를 그것에 가까이 다가가게 했다. 자동차 라디오에서 불쑥 흘러나온 노래에 뤼시의 마음이 새로운 희망으로 부풀었을 때도 이와 같았을 것

---

2) ego ideal: 프로이트가 나중에 사용한 '초자아(superego)'라는 용어와 같은 의미로 양심(자기 관찰과 사기 비평을 포함하여)으로 알려진 도덕적 규범, 꿈에서 작용하는 검열 기능, 현실 검증(나중에 자아 기능의 일부로 간주되는), 자신에 대한 모범적이고 이상적인 기대 등의 기능이 있는 정신적 대리자.

이다. 아름다움 덕분에 갑자기 내게 조금 더 가깝게 '잡힐 듯이' 느껴진 것은 알제리 오랑의 이방인이나 이탈리아 마피아나 미국의 쓰레기 백인이 아니라, 바로 나의 자아 이상이었다. 나는 가장 터무니없는 꿈속에서 내가 되고 싶어 한 사람을 향해 한 걸음 다가간 듯한 기분이 들었다. 늘 다른 사람을 향해서였지만, 이번에는 다른 나를 향해서였다. 좋은 곡이 흘러나오는 순간, 불가능은 사라진다. 아름다움이 존재하는 한 불가능은 없다. 아름다움을 통해 우리는 더 나아질 수도, 더 나빠질 수도, 다른 사람이 될 수도, 자기 자신이 될 수도 있다. 그러나 이전과 똑같은 상태로 남아 있을 수는 없다. 이것이 아름다움의 마법이자 독이다.

아름다움이 가치를 상징한다고 말하는 것은 자연의 아름다움보다 예술의 아름다움을 우위에 둔다는 뜻이다. 예술의 아름다움은 인간의 신념이 창조했으므로 바다나 산의 풍경 같은 자연의 아름다움보다는 의미를 더 잘 상징할 수 있기 때문이다. 어쨌거나 이것은 헤겔이 논리적으로 지지한 입장이다.[3] 헤겔에 따르면 예술의 아름다움이 훨씬 더

----

3) "필자는 이 책에서 '미학(Ästhetik)'이라는 명칭을 그대로 사용하고자 하는데, 그 이유는 이 명칭이 단순히 명칭일 뿐 우리에게 큰 상관이 있는 것도 아니고, 게다가 이 명칭이 우리 일상 언어에서 자주 사용되어 왔으므로 이런 관행을 따르는 편이 좋을 것 같기 때문이다. 그러나 우리가 여기에서 다루는 이 미(美)에 대한 학문은 원래는 '예술 철학(Philosophie der Kunst), 좀 더 정확히 말하자면 '아름다운 예술'의 철학(Philosophie der schönen Kunst)이라고 표현되어야 한다. 우리는 미학을 정의하는 데 위와 같은 표현을 사용함으로써 동시에 자연미는 제외시키고자 한다. 우리가 고찰할 대상을 이처럼 한계 짓는 일은 대체로 모든 학문들이 자기의 영역을 임의로 한계 짓는 권리를 가지려는 것과 같이 어찌 보면 교만한 것처럼 보일 수도 있다. 그러나 우리는 우리가 고찰하려는 미학의 범위를 그런 의미에서 예술미로만 국한시키려는 것은 아니다. 우리는 일상생활에서 아름다운 색깔들, 아름다운 하늘, 아름다운 강, 아름다운 꽃들, 아름다운 동물들, 더 나아가서는 아름다운 사람들에 대해 말하는 데 익숙해 있다. 그러나, 우리는 그러한 여

흥미로우며, 거기에는 '인간의 영혼에서 벌어지는 모든 것'—예술가는 작품의 재료에 그중 일부를 새겨 넣을 수 있다—이 더 풍부하게 들어 있다. 하지만 나는 헤겔의 이런 견해와 달리 자연의 아름다움, 예술 작품이 아닌 모든 형태의 아름다움이 보여주는 상징적 성격에 주목해야 한다고 생각한다.

우리가 앞서 만났던 그 강박적인 유혹자가 갈색 머리 아가씨에게 반했을 때 그는 갑자기 그녀의 아름다움이 상징하는 모든 것에 '접속'되었던 것은 아닐까? 그는 그녀의 걸음걸이가 보여주는 특징이나 얼핏 본 얼굴 윤곽이 상징하는 가치에, 예를 들어 어떤 형태의 순수함, 실존, 여성성 같은 것의 개념에 접속되었던 것은 아닐까? 그리고 그 가치가 그의 바람기가 막장에 다다랐음을 선명히 보여준 것은 아닐까? 설령 그가 대화를 일절 거부한다고 해도, 이를테면 그의 여자관계에 대해 견해든 허튼소리든 캐물으려 드는 친구와 대화하기를 거부한다고 해도, 미적 쾌락을 느끼는 순간에는 자기 삶의 방식과 가치관에 대한 그런 의구심을 수용할 것이다. 그리고 미적 감동에 사로잡힌 동안 그는 자신의 이성이 거부하는 것이 무엇인지 구체적으로 생각해볼

러 대상들이 얼마나 아름다운지, 그 각각의 대상에 정말로 미라는 성질을 부여할 수 있는지, 좀 더 자세히 말하면 도대체 자연적인 미와 예술적인 미를 똑같은 가치를 두고 바라보아야 하는지에 대한 논쟁을 할 필요가 없이, 우선적으로 예술미가 자연미가 우월하다고 주장할 수 있다. 그 까닭은, 예술미라는 것은 다름 아닌 정신(Geist)으로부터 탄생한 미, 즉 정신에서 다시 태어난 미이기 때문이다. 정신과 정신의 산물이 자연과 자연의 현상들(Erscheinungen)보다 우월하듯이 예술미도 자연미보다 우월한 것이다. 이는, 형식 면에서 볼 때 인간의 뇌리에 스치는 아무리 보잘것없는 착상조차도 그 속에는 어쩌면 정신성과 사유성(Geistigkeit und Freiheit)이 전제되고 있는 만큼 이는 자연의 어떤 소산보다 더 우월하다는 뜻이다."『헤겔 미학1-美의 세계 속으로』, 헤겔, 두행숙 옮김, 나남출판, 1996. 27-28쪽.

것이다.

이와 마찬가지로 독특한 빛 속에 하늘과 바다가 한데 녹아드는 저물녘 코르시카 해변의 놀라우리만치 평온한 풍경은 어쩌면 무신론자에게도 신에 대한 상념을 떠올리게 할지도 모른다. 그는 신에 관한 이야기 듣기를 끔찍이 싫어하지만, 이처럼 완벽하고 경이로운 아름다움이 그저 우연히 존재할 수 없다고 느껴지는 순간에는 신이 존재할 가능성을 기꺼이 가늠해볼 것이다. 아니면 그와 정확히 반대되는 경우도 상정할 수 있다. 그는 이런 자연의 아름다움이 신과 전혀 관계없기에 더욱 아름답다고 느끼고, 신이 존재하지 않는데도 이처럼 경이로운 아름다움이 존재하는 것이야말로 진짜 기적이라고 생각할지도 모른다. 이때 자연의 아름다움이 상징하는 것은 바로 기적이다. 신이 개입하지 않아도 이토록 조화로운 세계가 존재한다는 놀라운 사실 말이다. 아름다움을 음미하다 보면 특별한 성찰 없이도 그런 생각을 하게 된다. 아름다움은 생각이 곧 지적인 성찰은 아니라는 사실, 우리에게 눈으로, 귀로, 감각으로 생각하는 능력이 있다는 사실을 환기한다. 자연의 아름다움에 깃든 신비가 우리 의식에 신에 관한 의문을 제기하는 것만은 분명하다. 하지만 우리는 대부분 신의 관념을 떠올리고 있다는 사실을 깨닫지 못한 채 그저 바라보고, 아름다움에 흠뻑 취하는 것으로 만족한다.

고르시 헤변을 감도는 그 고요함과 그것을 관조하는 사람들의 마음을 생각하면, 우리는 프랑수아 쳉이 『아름다움에 관한 다섯 가지 성찰』에서 "아름다움의 체험은 항상 잃어버린 낙원을 떠올리게 하고,

미래에 약속된 낙원을 기대하게 한다."고, 그리고 그것은 항상 우리에게 "이 세상 모든 아침의 신선함을 되돌려준다."고 썼던 이유를 더 잘 이해하게 된다. 그러나 그 낙원 같은 풍경이 신의 뜻에 따라 존재하는 것인지, 아니면 신이 존재하지 않기에 더욱 마법처럼 반짝이며 우리 앞에 펼쳐지는 것인지를 안다는 것이 뭐 그리 대단한 일이겠는가? 중요한 것은 아름다움이 언제나 우리에게 그런 낙원을 약속한다는 사실이다.

자, 이쯤에서 이 책의 서두에서 제시했던 수수께끼에 대한 답을 찾아보자. "왜 피상적인 형태들이 우리를 그토록 깊이 감동하게 하는가?" "어떻게 단순한 형태들이 우리 인간이라는 동물을 매혹하는가?"라는 물음에 대한 답은 "그 형태들은 상징이기 때문이다."가 될 것이다. 실제로 피상적인 형태들은 우리를 심오한 주제에 주목하게 한다. 우리는 그런 심오한 주제에 이성적으로 접근하는 데 종종 거부반응을 보인다. 아니면, 단지 우리가 그런 주제에 대해 말하는 법을 모르는 것일 수도 있다. 신이니 진리니 행복이니 삶의 의미니 하는 거창한 말에 주눅이 들어서 말이다. 하지만 다행히도 아름다움이 우리에게 그것들에 대해 말해준다. 수평선의 은빛 반짝거림이 신에 대해 말해주고, 파인 땅에 고인 작은 연못이 행복에 대해 말해준다. 여인의 실루엣도 레게리듬도 우리에게 다른 삶의 가능성을 일러주고 있는지도 모른다.

그런데 역설적이게도 그것이 우리가 추상적 관념과 맺을 수 있는 최상의 관계라면? 감각적이고 심미적인 관계가 신, 진리, 행복, 삶의 의미 같은 관념을 이해하는 최상의 방법이라면? 그리고 이런 질문을 자주 맞닥뜨리지 않고는 인간다운 삶을 살아갈 수 없다면? 결국 다른 방식으로는 제기할 줄 모르는 이런 질문을 스스로 던지기 위해 우리에게는 아름다움이 필요하다. 우리가 자주 잊어버리는 사실, 즉 우리가 여느 포유류와 달리 이런 질문에 대답하도록 창조되었다는 사실을 기억하기 위해 아름다움이 필요하다. 그런데 만약 이런 질문을 통해 우리가 창조되는 것이라면?

아름다움에 의미가 있다는 생각을 바탕으로 우리가 신체의 특정 부위에 끌리는 이유를 규명할 수도 있을 것이다. 어떤 남자는 여자의 가슴이나 엉덩이 모양에 끌리고, 또 다른 남자는 여자의 둥근 어깨선에 반하고, 어떤 여자는 남자의 등이 그리는 곡선에 끌리고 또 다른 여자는 늘 각진 얼굴형에 끌린다. 이때도 중요한 것은 형태다. 이런 형태는 본질적인 것을 상징한다. 그 '본질적인 것'이 무엇인지 콕 집어 대답하기는 어렵지만, 어쨌거나 본질적인 것 말이다. 그 아름다움에 감동한 사람에게 진실에 가까워 보이는, 즉 진실을 상징하는 무언가 말이다. 그렇지 않다면, 왜 거기서 눈을 떼지 못하겠는가?

괴테는 "보이지 않으면 존재하지 않는다."라고 했다. 그는 한때 젊은 낭만주의자 무리와 어울리며 헤겔과 가까이 지냈다. 19세기 초 프러시아에서 이 낭만주의자들은 플라톤에게서 시작된 외양에 대한 철학적 비판의 기나긴 역사를 뒤로하고 외양의 가치를 재평가했다.『공화국』의 유명한 대목에서 플라톤은 화가의 작업을 목수의 작업보다

열등하다고 폄하한다. 그는 '이데아의 천공'(그가 말하는 정수, 원칙, 즉 진리)에 떠 있는 침대의 이데아를 목수가 만든 실제 침대와 화가가 그린 침대 그림과 비교한다. 목수는 특수한 개체인 침대를 만들어내므로 진리에서 한 단계 아래에 있다. 물질적으로 실재하는 침대는 침대의 정신적 본질에 한참 못 미치기는 해도 거기에 누워 잠이라도 잘 수 있으니 최소한 쓸모는 있다. 그러나 화가는 진리보다 두 단계 아래에 있다. 심지어 화가는 침대를 제대로 재현하지도 못한다. 그는 침대의 한 가지 특성만을, 그것도 내적 필연성이나 진리에 대한 관심도 없이, 제 기분 내키는 대로, 임의로 고른 단일한 각도에서 바라본 침대를 재현할 뿐이다. 플라톤의 결론은 다음과 같다. 예술가는 수공업자보다 못한 존재다! 그는 더 나아가 '도시에서 시인들을 추방해야 한다.'고 주장한다. 그의 이런 언질은 특히 정치적 논쟁의 기술자들인 소피스트들을 겨냥한 것으로, 당시 그들의 행태는 아테네가 전쟁에서 스파르타에 패한 원인으로 거론되곤 했다. 플라톤은 진리를 순수한 형태 그대로 드러내기 위해서가 아니라 단지 인간의 눈을 즐겁게 하기 위해 아름다운 형태를 빚는 페이디아스 같은 조각가들을 향해 분노를 터뜨린다. 플라톤은 유명한 동굴의 비유를 통해 인간이 동굴 벽에 드리운 그림자에 불과한 형상과 현실을 혼동하는, 외양의 희생자라고 말한다. 심지어 『향연』에서는 한 인간의 아름다움을 그의 연인이 욕망을 뛰어넘어 선과 진리를 향해 성장하는 데 필요한 수단 정도로 간주한다. 이처럼 외양을 신랄히게 공격한 플라톤 저작의 모든 내목이 서양사에 막대한 흔적을 남겼다. 그러다가 외양의 가치가 재평가되는 두 가지 결정적인 계기가 있었으니, 하나는 기독교—하느님이 당신의 아들을 통해 인간의 형상으로 나타났으므로—의 전파였고, 다른 하나는 19세기 독일 낭만주의—괴테, 셸링, 실러와 함께 청년 헤겔이 주도한—의 출현이었다.

헤겔은 마침내 그의 역작 『미학』을 죽기 일 년 전에 출간했다. 당연히 그는 자기 책에 대해 쏟아진 수많은 비판을 확인할 겨를도 없었다. 어떤 비판이었을까? 대충 이런 것이었다. "이루 말할 수 없이 현학적인 관점이다!" "순수한 아름다움에 대한 모독이다!" "'예술을 위한 예술'에 대한 터무니없는 부정이다!" "시도 때도 없이 의미를 찾는 철학자의 우스꽝스러운 작태를 단적으로 보여준다!" "아름다움 앞에서도 입을 다물 줄 모른다!" "관조하기 위해 생각을 멈출 줄 모른다!" 사람들은 특히 그의 접근 방식이 예술을 철학에 귀속시키고, 순수한 아름다움을 드러내는 형태에 무감각하다는 점을 비판했다. 그들은 순수한 아름다움을 '가치의 형상화'로 환원할 수 없으며 영원히 풀리지 않는 수수께끼로 우리 앞에 남아 있을 뿐이라면서 헤겔을 단순한 형태에서까지 쓸데없이 의미와 진리를 찾아내려고 혈안이 된, 관념밖에 모르는 기계장치 같은 인물로 희화하곤 했다.

어쨌거나 아름다움에 대한 헤겔의 주장은 논쟁거리를 제시한다. "이것은 왜 아름다운가? 그냥 아무 이유 없이, 형태가 아름다워서 아름다운 것인가? 그 아름다움이 의미와 가치를 암시하므로 아름다운 것인가?" 우리도 각자 자신이 경험한 미적 쾌락을 두고 이런 질문을 던져볼 수 있을 것이다. 우선 뤼시의 경험을 살펴보자. 뤼시는 관람객 대부분을 망연자실하게 하는 현대미술의 설치 작품에도 깊이 감동하는 심미안을 갖춘 여자다. 그녀는 최근에 파리의 도쿄 궁에서 열린 셴 첸의 「정화의 장」이라는 설치 작품 전시회를 관람했다. 작가는 거실 하나를 진흙물로 완전히 뒤덮어놓았다. 진흙에 덮인 소파, 전등, 탁자, 텔레비전 등 모든 것이 굳어버린 듯했다. 그 황폐한 공간에 생명이라곤 티끌만큼도 찾아볼 수 없었다. 뤼시는 감미로우면서도 묵시론적인 이 설치 작품이 무척 아름답다고 느꼈으며, 심지어 완전히 몰입한 상태로 감상했다. 이때도 역시 두 가지 해석이 가능하다. 우선, 그 작품은 그 자체로 아름답기 때문에 아름다울 뿐이다. 진흙의 은은한 황갈색, 기이한 부동성, 기묘하고 비일상적인 모습으로 탈바꿈하자 갑자기 다르게 보이는 일상 풍경은 그 자체로 아름다우며, 그것이 뤼시를 매혹했다. 혹은, 이 작품의 아름다움이 관념을 상징하기에 아름답다고 말할 수도 있다. 뤼시가 그 관념―세계의 종말, 거대한 비극의 도래, 사물의 지배 아래 놓인 인간적 삶의 부재―을 떠올리려고 하지 않거나 떠올릴 수 없다고 해도 이 작품은 그 관념 때문에 아름답다. 그렇다면 몬드리안이 구성한 순수한 형태의 직선들은 어떤가? 그 직선들은 순수하게 아름답기에 아름다운가? 아니면 형이상학적인 진실의 순수한 상징이기에 아름다운가? 오직 직선 자체만을 가리키기에 아름다운가? 아니면 그 직선을 넘어서는 어떤 것을 가리키기에 아름다운가?

뤼시의 아들은 저스틴 팀버레이크의 「섹시 백(Sexy Back)」을 반복

재생해 듣고 있다. 「섹시 백」은 왜 아름다운가? 단순히 듣기 좋은 소리여서 아름다운가? 아니면 소년에게 말을 걸고 호소하는 실존에 대한 생각—힘, 스타일, 욕망, 기쁨 같은 가치로 표명되는—이 노래에 담겨 있기 때문인가? 당신은 위의 두 가지 예에서는 헤겔의 주장이 더 일리 있다고 대답할지도 모르겠다.

우리는 두 경우에 아름다움이 필요하다. 생각하기를 멈추기 위해, 그리고 지금까지와는 다르게 생각하기 위해 필요하다. 하지만 사실 이 두 가지는 같은 것이 아닐까?

앞서 나는 아름다움이 '다르게 생각하게' 한다는 주장을 지지했다. 아름다움이 몸으로 생각하게 한다고, 관습을 거슬러 생각하게 한다고, 거대한 추상적 개념을 감각적인 방식으로 '생각하게' 한다고 말했다.

어떤 예술작품을 보고 감동할 수 없을 때 우리가 할 수 있는 일은 무엇일까? 바로 그 아름다움이 고유한 방식으로 환기하는, 배후에 있는 의미를 참조하는 것이다. 많은 파리 시민이 예술가 크리스토의 거대한 설치 작품을 아직도 기억한다. 그는 당시에 사마리텐 백화점 맞은편에 있는 다리 퐁뇌프를 흰 아마 천으로 완전히 감쌌다. 1985년에 있었던 이 이벤트는 그야말로 희대의 사건이었다. 퐁뇌프의 통행을 막았으므로 주변의 교통체증이 심각하고, 이 작품을 설치하는 데 정부 보조금이 터무니없이 많이 들어갔다는 뉴스를 들은 파리 시민은 격분했다. 그러나 마법 같은 일이 일어났다. 흰 장막이 센 강의 습기를 빨아들여 축축해지자, 파리에서 가장 오래된 다리의 윤곽이 그대로

크리스토, 퐁뇌프 포장

드러나기 시작했다. 사람들은 그동안 너무도 익숙하게 건너 다녔기에 눈을 뜨고도 보지 못했던 이 다리의 아름다움을 새롭게 발견했다. 사람들의 눈빛이 달라졌고, 짜증은 어느새 놀람으로 변했다. 다리를 드러내려면 다리를 가려야 했고, 다리를 되찾으려면 다리를 숨겨야 했던 것이다. 그리고 마음속에 잠들어 있던 심미가를 깨우려면 타성에 젖은 인간(호모 루티니쿠스)을 쫓아버려야 했던 것이다. 하지만 실제로 무슨 일이 벌어졌던 것일까? 여러 가지 해석이 나왔지만, 사람들이 이 기념비적인 설치물의 기이한 아름다움을 느끼게 된 것은 바로 그 의미를 찾는 과정을 통해서였다. 그 의미에 대해 제기된 다양한 주장은 돌연히 논쟁의 양상을 띠게 되었다. 어떤 사람들은 퐁뇌프가 소비사회의 상징인 백화점 바로 맞은편에 있으니, 이 설치물이 소비와 포장 문화를 비판했다고 말했다. 실제로 소비자들은 포장된 상품 꾸러미를 품에 안고 사마리텐 백화점에서 쏟아져 나왔다. 또 다른 사람들은 이 설치물이 그리스 조각 예술의 황금기를 상기한 것이라고 했다. 실제로 다리를 장식한 조각상들은 그리스 조각 예술의 원칙을 충실히 따르며 제작되었고, 다리를 덮은 흰 천은 그 조각상들의 오묘한 형태와 아름다움을 돋보이게 했다. 또 다른 사람들은 그것이 행인들에게 그들이 얼마나 사물을 제대로 바라보지 못하고 습관과 유용성의 노예가 되어 눈뜬장님이 되어버렸는지를 일깨운다고 주장했다. 실제로 행인들은 교통체증으로 발이 묶인 덕분에 사물을 바라보는 방식에 새롭게 눈을 떴던 것이다. 결론적으로 크리스토의 설치 작품이 아름다움을 통해 파리 사람들에게 돌려준 것은 바로 그 아름다움의 의미를 찾는 과정이었다. 그러나 우리가 그 아름다움을 포장 문화나 편협한 실용주의적 세계관의 의미를 상징하는 것으로 인식했다고 해서 크리스토의 설치작품을 그 자체로서 아름답다고 인식하지 못하리라는 법은 없다. 이 실험이 계속된 이 주일간 파리 시민은 마치 수 세기에 걸쳐 수수께끼 같은 삶을 살아온 기이한 생명체를 보듯이 그 희고 거대한 형상의 아름다움을 넋 놓고 바라보았다. 더는 아무 의문도 제기하지 않은 채.

나는 플랑드르 회화를 보면서도 이와 비슷한 경험을 했다. 피테르 브뤼헐, 반 오스텐, 얀 스틴의 단골 주제였던 그 시골 잔치 풍경을 담은 그림들에서 나는 아무것도 느낄 수 없었다. 어린이 그림책에나 나올 법한 정교하게 그린 작은 인물들, 항구나 스케이트장 주변에서 열리는 시골 잔치, 농부들, 상인들, 포도주에 취해 뺨이 붉어진 농부들에게서 나는 어떤 감동도 경험할 수 없었다. 그 후 헤겔의 『미학』에서 이런 회화들이 어떻게 플랑드르 정신의 내용을 상징화하는지 설명한 것을 읽었다. 네덜란드 사람들은 험난한 역사를 견뎌내야 했다. 지정학적인 이유로 열강의 지배를 받기 일쑤였고, 혹독한 기후에 시달렸으며, 대개 통치자들의 혹정에 시달리며 고되게 일했다. 하지만 이 가혹한 역사가 그들을 운명론자가 되게 하거나 과격한 투사가 되게 하기는커녕 오히려 단순한 기쁨을 만끽하는 능력, 세상살이와 거대한 역사의 난관 앞에서도 집단적 의례를 통해 다 함께 환희를 느끼며 자신을 재발견하는 감각을 길러주었다. 이것이 바로 헤겔이 멋지게 명명한 '인생의 일요일'이다. 비록 고된 한 주였지만, 그래도 모두가 함께 모여 먹고 마실 일요일이 기다리고 있다. 인생의 일요일은 주중의 삶이 고될수록 아름다워진다. 인생의 일요일이야말로 그들의 회화가 아름다움으로 상징화한 플랑드르 정신의 진실이다. 헤겔의 이런 분석을 읽은 뒤에야 나는 비로소 브뤼헐과 스틴의 작품을 좋아하게 되었고, 술기운이 거나하게 오른 잔치 분위기와 민중의 환희가 느껴지는 그 정경들을 좋아하게 되었다. 나는 헤겔에게서 보는 법을 배운 것이나 다름없다. '인생의 일요일'이라는 개념이 나의 보는 법을 변화시켰다. 그 의미 덕분에 나는 아름다움을 느낄 줄 아는 사람들을 느낄 수 있게 되었다. 여러 해가 흐른 지금, 나는 특별히 인생의 일요일을 떠올리지 않아도 이 정밀한 채색화들이 보여주는 특징적인 아름나움을 여전히 사랑한다. 인생의 일요일을 의도적으로 염두에 두지 않아도 이제는

소 피테르 브뢰헬, 결혼식 춤

얀 스틴, 춤추는 남녀

그것이 보이는 모양이다. 이 플랑드르 화가들의 작품을 좋아하는 사람이라면 누구나 그럴 것이다. 헤겔이 '실체적 내용'이라고 부른 것은 예술의 바로 이런 진실을, 여기서는 인생의 일요일을 말하는 것이다. 헤겔 주장의 독창성과 급진성이 바로 여기에 있다. 그에게 아름다움은 사람마다 제각각인 상대적 의미를 상징하지 않는다. 다시 말해 오직 당신에게만 상징하는 의미 때문에 당신이 브뤼헐이나 스틴의 그림을 좋아한다거나, 오직 내게만 상징하는 의미 때문에 내가 그 그림을 좋아할 수는 없다. 만약 그렇다면 예술에서 '진리'라는 것은 존재할수 없을 것이다. 당신이 스틴의 시골 잔치를 좋아한다면, 그것은 곧 당신이 그 그림을 통해 '인생의 일요일'을 느낄 수 있기 때문이고, '삶의 일요일'이라는 진실이 당신의 눈과 정신을 동시에 충족하기 때문이다. 물론 그렇다고 해서 우리가 이렇게 극단적으로 헤겔의 주장을 따라야 할 이유도 없고, 예술의 아름다움이 보편적 진실을 상징한다고 믿어야 할 이유도 없다. 헤겔의 그런 견해를 제대로 이해하려면 왜 인간이 남긴 모든 위대한 업적이 유일하고 보편적인 진리의 발전을 증명하는지 설명할 수 있어야 할 것이다. 하지만 그것은 이 책의 목적이 아니다. 다만 우리는 헤겔의 이런 주장을 살펴봄으로써, 의미를 참조하는 행위가 어떻게 아름다움을 제대로 감상할 수 있게 해주는지, 의미를 경유하는 시도가 어떻게 아름다움에 새롭게 눈뜨게 해주는지를 확인할 수 있다.

그러나 '예술을 위한 예술'을 시시하는 사람들의 그 모든 형식석 고찰을 살펴본다고 해서 그런 일이 벌어지지는 않는다. 당신이 플랑드르 화가들의 작품을 보고 아무 감흥이 없다면, 형태의 비례나 색의 조화를 관장하는 오묘한 법칙을 아무리 뒤져봐도 아무 느낌이 들지 않기는 마찬가지일 것이다. 칸트의 논리에 따르면, 우리에게 아무 감흥도 주지 못하는 어떤 아름다움을 우리가 느끼도록 할 수는 없다. 칸트가 말했듯이 아름답기에 아름다운 것이고, 아름다운 것에 아무 이유가 없다면, 그 아름다움에 끌리지 않는 사람에게는 아무 말도 할 수 없다. '제 눈에 안경'이라고 하지 않던가.

아름다움에 어떤 가치가 있다고 말하는 것은 곧 우리가 자신을 더 잘 알기 위해서는 아름다움이 필요하다는 것을 인정하는 것이다. 우리가 파리 노트르담 성당의 아름다움에 압도될 때, 그 건축물이 우리가 믿는 신의 존재를 확증하는 것 같을 때, 우리는 자신이 어떤 사람인지, 다시 말해 기독교인이라는 사실을 더욱 분명히 확신하게 된다. 법을 잘 지키는 선량한 시민으로서 우리가 「대부」의 미학과 알 파치노의 연기에 매혹된다면, 우리가 과연 어떤 사람이 될 수 있는지, 어떤 사람이 될 수 있었는지 더 잘 알 수 있다. 하지만 아름다움이 궁극적으로 이야기하는 것은 바로 지금의 우리 신에 대해서다. 아름다움은 우리가 누구인지, 무엇이 되고 싶은지, 혹은 절대 어떤 존재가 되고 싶지 않은지 우리 자신에게 비춰주는 거울이다. 그와 동시에 그 거울은 우리의 낯실고도 친숙한 모습을 깨닫게 해준다.

이로써 칸트 미학에 맞서는 헤겔 반론의 전모가 드러난다. 헤겔에게 '인간 정신에서 벌어지는 현상'은 곧 의미의 추구다. 아름다움이 우리를 매혹하는 그 힘을 발휘할 때 아름다움의 핵심에서 드러나는 것은 바로 의미다. 우리를 사로잡는 것은 의미와 아름다움의 결합이며, 형식이 내용을 상징하는 방식이다. "형식, 그것은 수면에 떠오르는 심층(표면에 드러난 내용)이다." 우리가 아름다운 대상을 볼 때 그 형식에 매혹되어 옴짝달싹 못 하고 할 말을 잃는 이유는 의식적이든 무의식적이든 그 대상의 표면에 떠오른 '내용'을 간파했기 때문이다.

앞서 말했듯이 우리는 아름다움에서 어떤 의미를 포착하지만, 반드시 그 의미를 의식해야만 감동하는 것은 아니다. 아폴론 신전의 완벽한 형상 앞에 멈춰 선 그리스인들은 조화로운 삶의 이데아 자체인 그 장관을 보고 황홀경에 빠진다. 하지만 의식적으로 그 이데아의 의미를 명확히 인식해야만 그런 감동을 경험하는 것은 아니다. 길에서 우연히 본 어느 여인의 모습이 또 다른 삶의 가능성을 속삭이고 있다는 사실을, 그 바람둥이 사내가 의식했기에 매혹된 것은 아니다. 비록 바로 그것이 그가 흥분을 느낀 이유라고 해도 사정은 마찬가지다. 게다가 만약 그가 그 사실을 깨달았다면 과연 그토록 매혹되었을까? 뤼시의 아들은 오르세 미술관에서 반 고흐의 「밤의 카페테라스」 앞에서 갑자기 걸음을 멈춘다. 그 순간을 계기로 소년은 편협한 이성적 판단에 맞서는 광기의 힘을 지지하게 될지도 모른다. 하지만 미적 쾌감을 경험한 순간, 즉 의미와 감각적으로 마주친 순간, 소년은 아무것도 의식하지 못했다. 그저 요동하는 형태의 야릇한 노란색이 눈에 들어왔을 뿐이다. 어떤 식으로든 아름다움은 혼란을 불러일으킨다. 아름다움은 의미와 만날 적절한 기회를 더욱 교묘하게 선사하기 위해 독특한 형태로 우리를 사로잡는다. 하지만 여기서 우리의 흥미를 끄는 것은 아름다움이 내포한 위험성이 아니라, 1830년 헤겔이 쓴 글에서 이미 언급했듯이 '미적 쾌락의 무의식적 차원'이라는 개념이다.

기억하자. 우리는 앞서 칸트가 미적 쾌락의 수수께끼에 대응한 방식을 살펴보면서 그가 18세기 말 당시에는 아무도 의문시하지 않았던 인간 정신에 어떤 새로운 차원이 존재한다는 사실을 간파했다고 말했다. 칸트는 아름다움이 선사하는 그 특별한 쾌락이 완전히 감각적이지도 완전히 지적이지도 않지만 얼마간 감각적이면서도 얼마간 지적이라는 사실을 깨닫고 놀라워했다. 그리고 그는 미적 쾌락이 인간의 본성을 전례 없이 독특한 방식으로 문제 삼게 했다고 결론지었다. 그는 미적 쾌락이 늘 대립하던 육체와 영혼의 일치를 이루어내고, 인간의 여러 능력 가운에 어느 하나가 다른 하나를 억압하지 않는 내적 조화를 만들어낸다고 주장했다. 칸트가 보기에, 이 쾌락은 온전히 감각적이지도 온전히 지적이지도 않으므로 그 둘 사이에서 생겨나는 것이 틀림없었다. 인간을 육체와 정신의 결합으로 보았던 그의 시대에는 이 현상을 달리 설명할 도리가 없었다. 하지만 천재적인 칸트는 인간의 내면에 존재하는 또 다른 차원을 감지했던 것 같다. 그러니까 아름다움이 충족시키는 육체도 정신도 아닌, 독특한 차원의 존재를 확인했던 것이다. 물론 그는 그것을 그 시대의 언어로, 즉 자신의 사유와 자기 시대에 통용되던 범주들에 기대어 '인간 능력들의 조화롭고 자유로운 놀이'라고 표현했다. 칸트가 '아름다움에 대한 감정'이라는 주제를 다룬 그 흥미로운 대목─다루기 어려운 문제를 방법적으로 사유하고 정의하는 노력에 몰두한 철학자의 탁월한 전형을 보여준 —을 읽으며 우리는 그 차원이 바로 '무의식'이라는 사실을 깨닫는다. 실제로 인간의 내면에 육체도 정신도 아닌 것이 있다면, 그것이 무엇이겠는가? 바로 무의식이 아니겠는가?

우리가 주목한 바람둥이 남자는 갑자기 고통스러운 장면이 떠오르자 귀여운 여인을 쫓아가려던 발길을 멈춘다. 그 장면은 해변을 배경으로 펼쳐진다. 남자는 이혼을 앞두고 아이 엄마와 함께 있다. 두 사람은 모래에 발을 묻은 채 바다를 바라보며 나란히 앉아 있다. 잔물결이 속삭이듯 발목을 간질이며 잔잔히 부서진다. 애정이 복받쳐 남자는 아내의 어깨를 안으려고 팔을 들지만, 동작이 성급하고 어설프다. 남자의 손등이 여자의 뺨에 부딪친다. '고의는 아니었지만' 따귀를 때린 것이다. 이 어처구니없는 뺨따귀를 어떻게 설명하면 좋을까? 그의 육체가 자발적으로 저지른 짓이 아니다. 그의 근육에는 아무 문제가 없다. 그렇다고 그의 마음이 저지른 짓도 아니다. 그는 그럴 마음이 전혀 없었고, 생각조차 해본 적 없다. 그것은 그의 몸도 마음도 아닌, 무의식이 한 일이다. 그의 행동은 실수지만, 무의식은 자신을 드러내는 데 성공한 셈이다. 아닌 게 아니라, 그것이 바로 여자가 눈물을 흘리며 남자를 나무란 이유다.

"우연이 아니야, 세상에 우연은 없어. 당신은 속으로 날 미워하고 있었던 거야."

"일부러 그런 게 아니야. 맹세해. 안으려고 했던 거라니까."

두 사람 말이 다 일리 있다. 남자는 여자를 안고 싶으면서도 때리고 싶었다. 의식적으로는 자기 몸에 감미롭게 파고드는 여자의 몸을 느끼고 싶었다. 하지만 무의식적으로는 이혼을 요구한 아내를 때리고 싶었다. 이것은 양가감정(兩價感情)에 사로잡힌, 인간이라는 동물이 놓인 난처한 조건이다. 해변에 있다고 해서 예외일 수는 없다.

프로이트는 1929년 발표한 '문명 속의 불만'이라는, 명석하지만 몹시 암울한 통찰을 담은 짧은 논문에서 하나의 가설을 설정하고 담론을 전개한다. 그 가설을 인정한다면, 인간을 이전과 같은 시선으로 바라보기 어려워진다. 문명 속의 불만은 문명이 태어난 순간부터 그 구성원의 공격적 충동—타고난 본성이지만 반사회적이다—을 억압하도록 강제해온 데서 비롯한다. 어린 포유동물이 그토록 신속하게 하나의 '인간'으로 거듭날 수 있는 데는 바로 이 억압의 역할이 주효하다. 우리는 야생적인 본성에 대한 폭력을 수용한 대가로 인간이 된다. 하지만 억압이 충동을 사라지게 할 수는 없다. 충동은 검열되고 의식에서는 잊히지만, 연속적인 성층 구조를 통해 무의식을 형성한다. 실제로 억압이란 우리가 내면에 숨어 있는 충동을 의식하는 것을 스스로 허용하지 않는 것을 뜻한다. 하지만 충동은 늘 내면에 잠재하고 우회적으로 욕구를 충족할 방법을 모색한다. 억압되기 전 충동은 육체에서 비롯하지만, 일단 억압을 거치면 '무의식적'인 것이 된다. 무의식이란 육체가 간직한 비물질적 기억이다. 우리 몸을 이루는 세포 하나하나가 우리를 인간으로 만들어준 억압을 기억하는 것과 마찬가지다. 무의식이란 우리가 인간이 되기 위해 거쳐야 했던 폭력적이고 경이로운 시도의 표식이다. 무의식은 어떻게 드러날까? 이 모든 억압된 충동—근본적으로 공격적이거나 성적인 충동—과 관련된 에너지의 형태로, 즉 리비도의 형태로 드러난다. 이것이 아름다움과 무슨 상관있느냐고 물을지 모르겠지만, 직접적인 관계가 있다. 이 불만에 대한 해결책이 바로 아름다움에 있기 때문이다. 프로이트는 억압된 충동을 '대리만족'이라는 방식으로 해소해야 한다고, 공격성을 평화롭고 정신적인 방식으로 만족시켜야 한다고 말한다. 그런데 프로이트에 따르면 바로 아름다움이 우리에게 그런 만족을 줄 수 있다. 그가 '승화'라고 부른, '아름다움을 통한 해소'라는 개념은 그의 연구가 남긴 참신하고 풍요로운 결실 가운데 하나다.

지금까지 우리가 시도한 분석에서 놓친 것은 없을까? 점검하기 위해 맨 처음 우리가 살펴본 상황들로 돌아가 보자. 뤼시가 차 안에서 경험한 상태, 미셸 베르제의 노래나 바흐의 협주곡이 뤼시의 상태에 불러온 기적적인 효과, 반 고흐의 「밤의 카페테라스」를 본 뤼시의 아들 마음에 찾아온 믿음, 그 그림이 자신을 위해 그려졌으며 바로 자기 삶에 대해 무언가를 말하고 있다는 확신, 음악에 매료될 때 우리가 경험하는 감동, 그 가수의 목소리가 진실하고 희귀하고 심오한 어떤 것을 건드리는 듯한 느낌…. 우리는 지금까지 그런 것들이 던지는 수수께끼를 제대로 풀었다고 할 수 있을까?

우리는 칸트에 이어 헤겔의 주장을 살펴보면서 아름다움이 어떤 점에서 단순히 '기분 좋은 것'을 넘어서는지 이해했다. 어떤 노래가 그저 '기분 좋다'고 느낀다면, 그 노래가 대단한 효과를 불러일으키지는 못했다고, 진정한 미적 감동은 없었다고 말하는 것이나 다름없다. 아름다운 자연을 바라보면서 자신이 세계와 온전히 하나가 된 순간을 경험하는 것은 '기분이 좋은' 정도를 넘어선다. 칸트라면 그저 기분 좋게 느껴질 뿐인 아름다움은 우리의 모든 능력 사이의 조화라기보다 감각적 쾌락에 불과하다고 말할 것이다. 헤겔이라면 그런 아름다움은 의미가 없으며 가치를 전달하지 않는다고 말할 것이다. 우리는 왜 아름다움이 우리를 혼란스럽게 하고, 세상에는 덜 친숙하고 덜 상식적이고 심지어 덜 도덕적인 가치들—'기분 좋은 것'의 영역과 무관한 이 존재한다고 속삭이는 것을 우리가 좋아하는지도 살펴보았다. 우리는 '기분 좋은 것'의 영역에서 아름다움을 분리했지만, 실은 '기분 좋은 것'의 수준도 대단한 것이다. 실제로 오늘날 많은 사람이 미적 쾌락을 단순히 기분 좋은 경험의 범주에 한정하려고 한다. 기분 좋은 앰비언스 음악을 듣는 것이, 절제된 선과 이상적으로 조합된 향과 색으로 꾸민 부티크를 돌아다니는 것이 마치 강렬한 미적 쾌락이 될 수 있다는 듯이, 아름다움과의 만남이 그저 라운지 음악이 선사하는 쾌적한 편안함으로 환원될 수 있다는 듯이 미적 쾌락을 그들 나름대로 규정한다.

하지만 이 '진실하고 희귀하고 심오한 어떤 것'이 단순히 '기분 좋은 것'을 초월한 어떤 지점에 있다는 사실을 아는 것만으로는 아름다움이 던지는 수수께끼를 풀기에 역부족이다. 우리는 이 '심오한 어떤 것'을 칸트가 말한 '조화로운 인간 본성'에서, 헤겔이 말한 '지각할 수 있는 진실'에서 보았다고 생각했다. 이 두 가지 주장을 조금 더 밀고

나간다면, 우리는 미적 쾌락이 던지는 수수께끼의 진실에 조금 더 가까이 다가가고 우리의 탐구를 조금 더 진척시킬 수 있을 것이다.

정체 구간에 갇혀 신경이 곤두서고 기진맥진한 뤼시는 갑자기 라디오에서 흘러나오는 미셸 베르제의 노래를 듣고 마음을 진정한다. 뤼시의 인간적 본성이 정말로 '회복된' 것일까? 뤼시가 바로 그 순간에 자신과 조화를 이루었다고 단정할 수 있을까? 나는 그렇게 생각지 않는다. 뤼시가 그처럼 자신과 화해할 희망을 되찾고 그런 화해의 가능성을 문득 감지하기는 했지만, 그렇다고 그 화해가 이루어진 것은 아니다. 미적 쾌락이란 자신과의 완벽한 화해에 대한 예감, 그 가능성의 경험일 뿐이다. 나는 이와 마찬가지로 반 고흐 그림의 노란색이 암시하는 어떤 깊이가 뤼시 아들을 매혹했다고 해도 헤겔이 말한 것처럼 소년에게 '지각할 수 있는' 형태로 드러난 진실―삶의 진실, 인간 조건의 진실―을 포착하거나 그런 삶의 의미를 꿰뚫어볼 안목이 있었다고는 생각지 않는다. 그보다는 손에 잡힐 것만 같다가 이내 달아나버린 의미를 그 순간 슬쩍 엿보았다고 말하는 편이 옳을 것이다. 다시 말해 아름다움은 끝내 온전히 드러내 보이지 않을 의미를 약속하고, 실제로는 불가능한 자신과의 화해를 약속하는 셈이다. 이 화해는 왜 불가능할까? 왜 아름다움의 의미는 우리에게서 달아날 수밖에 없을까?

왜냐면 우리가 기웃거리는 그 '깊은 어떤 것'은 어쩌면 우리가 여태 말한 것보다 훨씬 더 깊은 곳에 있기 때문이다. 우리가 보고 싶어 히지 않고 볼 수도 없는 리비도처럼 말이다. 어쩌면 그것이 리비도의 기원인지도 모른다.

3장
리비도를 승화하다

아름다움은 그 자체로 이 세상에 이해할 수 없는 것들이 존재한다는 사실을 일깨워준다.

하지만 우리는 '이해할 수 없는 것이 있다'는 사실을 용납하지 못한다.

예를 들어 이유도 모르는 채 사랑하는 사람을 떠나보내야 할 때, 깊은 병이

들어 세상을 떠나야 할 때, 우리는 참을 수 없는 고통을 겪는다.

그러나 미적 체험을 할 때 우리는 이해할 수 없던 것을 받아들이고

심지어 사랑하는 법을 배운다. 이런 지혜야말로 우리에게 정말 필요한 것 아닌가?

억압되어 있던 공격적이고 성적인 충동을 정신적인 방식으로 충족하려면 아름다움이 필요하다. 이제부터 살펴보겠지만, 일정한 조건에서 아름다움을 만날 때 우리는 문명화된 방식으로 바로 문명이 금지한 폭력을 표출할 수 있다. 이 일정한 조건이 어떤 것인지를 알고 나면 아름다움이 그토록 우리를 매혹하는 이유를 더 잘 이해할 수 있을 것이다. 프로이트가 제대로 파악했다면, 아름다움은 인간에게 금지된 것들이 용인되고 높이 평가되는 방식으로 그것들에 접근할 기회를 제공한다. 또한, 평소에는 비난의 대상이 되는 야성적인 생명력의 약동을 허락해주기도 한다. 아름다움은 미적 쾌락을 통해 문명화된 인간 삶에 기적 같은 예외의 가능성을 제공한다. 다시 말해 아름다움은 프로이트가 명시했듯이 작품의 감상자는 물론 창작자에게도 강렬하고 무의식적인 쾌락을 체험할 기회다.

이 대목을 쓰면서 문득 피카소의 그림 「우는 여자」를 보았을 때 느꼈던 슬픔이 떠오른다. 나는 가슴이 미어지다 못해 분노마저 느꼈다. 그때 내 아이들도 곁에 있었다. 꼬마 유미주의자들은 그 작품 색과 형태의 아름다움을 높이 샀다. 「우는 여자」는 정말 아름다운 그림이었다…. 우리는 천재의 그 위

파블로 피카소, 우는 여자

대한 작품을 지난 일요일 박물관에서 다른 가족들과 함께 줄을 서서 감상했다. 그것은 실제로 꽤 실속 있는 경험이었다. 부모들은 피카소를, 아이들은 그림을 즐겼다. 나는 예전에 마드리드의 레이나 소피아 미술관에서 피카소의 「게르니카」 앞에 섰을 때도 이와 비슷한 분노를 느꼈다. 때마침 내 주위에는 프랑스 사람들이 있었고, '분노의 예술', '평화주의적 메시지' 같은 말이 토막토막 귀에 들어왔다…. 그것은 교양 있는 최상류층 사람들이나 주고받을 만한 얘기였다. '아름다운 작품입니다. 게다가 인도주의적 메시지를 담고 있죠….' 그들은 이 그림의 본질을, 야만성을 잊고 있었고, 그런 것은 보고 싶어 하지 않았다. 어쩌면 그것을 보시 않으려고 그곳에 와 있는지도 몰랐다. 나는 딸아이의 손을 잡고 이렇게 얘기해줄 수도 있었을 것이다.

'자, 보렴. 도라가 울고 있어. 왜냐고? 그야 피카소가 사랑하는 여

자들을 죄다 잡아먹는 잔혹한 악당이었기 때문이지. 특히 네가 좋아하는 만화 주인공 도라와 이름이 같은 이 '도라'라는 여자는 탐험가였단다. 그림 속 여자처럼 도라도 늘 울었고 우울증도 앓았단다. 자크 라캉이라는 아주 유명한 정신분석학자도 도라의 우울증을 고쳐주지 못했어. 결국 도라는 자살하고 말았단다. 지금 네가 보는 것처럼 이 여자는 그림에서 울고 있고, 실제로도 아주 슬프게 울었어. 하지만 우리는 그런 건 생각조차 하지 않고 하나같이 근사하게 빼입고는 다른 작품들 앞을 설렁설렁 지나가듯이 이 여자도 그냥 스쳐 지나가고 있잖아. 우리가 왜 이렇게 도라의 슬픔에 무심하냐고? 비록 드러내놓고 말은 하지 않지만 천재한테는 악당이 될 권리가 있다고 생각하기 때문이야. 천재가 우리 문화에 이바지한 공로에 대한 보답으로 그런 특권을 주는 거지. 그리고 우리는 우리를 매혹하는 것의 실체를 보고 싶어 하지 않기 때문이야. 어쩌면 이 그림에서 무의식적으로 우리를 매혹하는 것이 여자를 슬프게 하는 폭력, 여자를 울린 그 남자의 폭력이기 때문에 그 실체를 못 본 척하는 것인지도 몰라. 그리고 피카소는 예술을 통해, 우리에게 반사회적이고 공격적이고 성적인 본성을, 우리의 폭력성을 사회에서 통용되는 문명화된 방식으로 표출할 권리를 주기 때문인지도 모르지. 문명은 그런 폭력성을 우리한테 억압하도록 강요해놓고는 박물관이라는 이 한정된 울타리 안에서 승화하라고 부추기는 거야. 사람들은 「게르니카」에 피카소의 평화주의적 메시지가 담겼다고 말하지. 하지만 「게르니카」를 보고 피카소의 인도주의식 정신이나 민간인 폭격에 대한 비판은 떠올리면서 우리가 이 화폭의 형상과 색감

이 자극하는 공격적이고 호전적인 충동을 만족시킨다는 사실은 왜 깨
닫지 못할까? 피카소는 스페인 공화파 정부의 주문을 받아서 이 거대
한 '평화주의적' 그림을 그렸지만, 그와 동시에 자신의 리비도를, 자
신의 반사회적 공격성을 승화했다는 사실에 주목하는 사람은 별로 없
어. 확실한 것은 우리가 이 폭력성, 이 공격성을 간접적으로만, 우회적
이고 승화된 방식으로만, 다시 말해 문명화된 방식으로만 충족할 수
있다는 거야. 이것이 내가 조금 전에 모든 게 사실상 이 사회의 상류층
을 위한 거라고 말했던 이유야. 문화는 우리한테 마음속에서 자기 패
권에 대항하는 것은 모두 검열하도록 강요해왔어. 그렇게 늘 억압당
한 채 사는 우리한테 가끔 아주 오랫동안 마음 깊은 곳에서 자기 권리
를 주장해온 이 생명력을 충족할 기회를 준단다. 그렇게 우리는 어렵
사리 일요일에 미술관에 와서 지금처럼 그 생명력을 충족하고 있는
거야. 하지만 우리는 그런 사실을 의식조차 못 하지.'

　딸아이에게 이 모든 이야기를 들려줄 수도 있었지만, 나는 아무 말
도 하지 않았다. 아이들은 급기야 미술관 안을 천방지축 뛰어다니기

시작했고, 관리인이 다가와 여기서 이러면 안 된다며 주의를 주었다. 우리는 미술관을 나와 아이스크림을 먹으러 갔다.

혹시 이런 관점이 지나치게 비관적이라고 말하는 사람이 있다면, 프로이트가 수십 년간의 임상 경험, 즉 그의 진료실 소파에 누웠던 수많은 남녀를 상담한 경험을 바탕으로 1930년대에 정립한 관점이라는 사실을 기억해야 할 것이다. 이 사실이야말로 문화에 대한 프로이트의 실제적 접근이 철학자들의 관념적 사유와 구별되는 점이다. 이를테면 루소는 문화를 본성이 선한 인간이 타락해가는 과정으로 정의하면서 '자연 상태'의 인간이라는 개념을 제시한다. 그것은 허구—기원이라는 허구—에 지나지 않지만, 기원으로 가정된다. 인간의 본성이 본질적으로 사악하다고 믿었던 칸트는 문화의 발전을 이 타고난 악한 본성을 뿌리 뽑는 도덕적 노력으로 정의하면서 역시 철학자로서 담론을 전개했다. 하지만 그는 매일 엄청난 양의 책을 읽었지만, 한정된 수의 인간만을 직접 만났을 뿐이다. 프로이트는 전혀 다른 방식으로 인간의 현실을 관찰했다. 긴 세월, 무려 수십 년간 그는 고통에 시달리는 수많은 남녀가 자신이 어떤 문제를 안고 있는지를 알기 위해, 자신에게 무슨 일이 벌어지고 있는지 알리기 위해 안간힘을 쓰며 들려주는 이야기에 온종일 귀를 기울였다. 프로이트는 그들의 무의식이 들려주는 이야기를 들으면서, 소파에 누워 몸부림치는 그들의 육체를, 쓴웃음을 지으며 일그러지는 그들의 얼굴을, 돌이킬 수 없이 망가진 인생을 수없이 봐왔다. 프로이트가 마침내 인간이 자신은 물론 타자에 대해서도 다양한 형태의 공격성에 사로잡혀 있음을 확신하게 되었을 때 그의 통찰은 더없이 정확했다. 하지만 이전 20년 동안 프로이트는 인간의 본질을 낙관적으로 해석해왔다. 심지어 그는 억압된 욕망을 환자가 스스로 의식화하는 순간에 거의 기적적으로 모든 증상이 사라질 수 있다고 믿었다. 하지만 그는 이런 낙관주의를 철회했고, 「문명 속의 불만」을 관통하는 정서도 바로 환멸이다. 이런 비관주의는 먼저 '쾌락 원칙을 넘어서'라는 글에서 나타나기 시작했다. 이 글에서 프로이트는 치유되기를 원하지 않는 환자들, 즉 자기 증상에 고착된 환자들을 자주 목격해왔다고 술회한다. 그는 이런 고착이 일어나는 것은 환자가 비록 의식적으로는 불쾌를 느끼고, 객관적으로 확인할 수 있는 고통을 느낀다고 해도 증상의 반복이 환자에게 어떤 무의식적 향락을 제공하기 때문이며, 만약 그렇지 않다면 환자는 훨씬 더 쉽게 증상에서 벗어날 수 있다고 확신한다. '쾌락 원칙을 넘어서'라는 제목도 바로 이런 사실에서 비롯한 것이다. 우리가 진정으로 쾌락을 최우선으로 추구한다면, 우리를 그토록 고통스럽게 하는 증상들에서 훨씬 더 성공적으로 치유될 수 있을 것이다. 하지만 우리에게는 쾌락 원칙을 넘어 생동하는 어떤 부분이 존재하고, 그 무의식적 영역에서는 우리 자신에게 불행이 닥치고 괴로운 일이 반복되기를 바란다. 그렇다면 파스칼이 『팡세』에서 말했던 것처럼, 혹은 상식에 기대어 "모든 인간은 목을 매달 맛줄을 묶는 순간까지도 행복해지기를 바란다."고 주장하기는 어려워진다. 프로이트가 '삶 충동'에 대립하는 개념으로 '죽음 충동'이라고 부른 것이 우리 내면에 있는 바로 그 부분이다.

우리는 이것을 인간 종이 진화를 계속하면서도 꾸준히 이어온 원초적 공격성의 한 형태로 이해할 수 있을 것이다. 프로이트는 이 공격성이 타자는 물론이고 우리 자신을 향하고 있음을 설득력 있게 보여준다. 우리는 타자를 괴롭히고 싶어 하는 것과 마찬가지로 자신도 괴롭히고 싶어 한다. 문명은 우리가 타자를 폭력적으로 공격하는 것을 금지하지 않는가? 그렇다면 우리가 마음 놓고 괴롭힐 수 있는 대상은 우리 자신뿐이다! 우리는 그렇게 행복을 가로막는 병적인 행동을 반복하거나 스스로 죄의식을 키우며 자신을 괴롭힌다. 타자를 공격할 권리가 없는 우리가 그러고 싶은 욕구를 느낄 때 우리는 그 욕망을 억압하고 도덕적 자책의 형태로 자신을 공격하는 것이다. 이처럼 정도 차이는 있겠지만, 우리 모두가 안고 있는 이런 죄의식은 '문명 속의 불만'이 표출되는 대표적인 형태 가운데 하나다. 종종 우리가 잘못한 일도 없이 죄책감이 드는 이유는 문명화된 동물인 우리 인간은 단지 나쁜 짓을 하고 싶은 마음을 품기만 해도 실제로 나쁜 짓을 했을 때만큼이나 심한 죄의식에 시달리기 때문이라고, 프로이트는 지적한다.

"문명은 폭력을 금지하기 위해 어떤 방법을 쓰는가?" 프로이트는 스스로 질문을 던지고 이렇게 말한다. "금지된 폭력은 내적으로 투사되고 내면화하는데, 결국 출발점으로 되돌아온다. 다시 말해 '자아'로 향하게 된다는 것이다. 그렇게 폭력성을 얻은 자아의 일부가 바로 '초자아'다. 초자아는 자아의 나머지 부분과 대립하고, 타자들을 상대로 반산하고 싶었던 가치 없는 공격성을 '윤리 의식'이라는 명분으로 자아를 향해 분출한다. 엄격한 초자아와 그에 굴복하는 자아 사이의 긴

장을 우리는 '죄의식'이라고 부른다. 그리고 그 긴장은 '처벌 욕구'라는 형태로 나타난다. 문명은 개인을 무기력하게 하고, 무장해제하고, 마치 점령한 도시의 주둔군이 그렇게 하듯이 마음속에 재판소를 세우고 그것을 통해 자신을 감독함으로써 개인의 위험한 공격 욕구를 통제한다."(「문명 속의 불만」에서 인용) 이것이 바로 오늘날 인류라는 문명화된 동물이 영위하는 역설적인 삶이다. 우리는 야만에 대해 승리를 거두었지만, 그 승리는 우리 자신을 나약한 존재로 만들었다. 이처럼 우리는 자신이 거둔 승리의 희생자나 다름없다. 그러나 우리가 아직 절반밖에 묘사하지 않은 그 장면을 통해 판단한다면, 그래도 그것은 썩 괜찮은 승리다.

자동차에 타고 있던 뤼시를 다시 떠올려보자. 미셸 베르제가 「침묵의 순간(La minute de silence)」 후렴구를 채 반복하기도 전에, 노래의 느린 리듬과 가수의 친숙한 목소리가 뤼시의 영혼을 고양하기도 전에, 앞차 운전자가 급정거하자 뤼시는 화들짝 놀라 핸들을 꽉 움켜쥔 채 브레이크를 밟는다. 허리 통증은 더 심해진다. 화가 머리끝까지 치민 뤼시가 뭐라고 소리쳤던가? 내가 앞에서 이 장면을 묘사하면서 이 대목을 빼먹은 것 같다. 뤼시는 소리친다. "바보 같은 놈! 나가 죽어!" 그래도 화가 풀리지 않았는지 다시 한 번 소리친다. "바보 같은 놈!" 자, 이쯤에서 프로이드가 1915년 발표한 「전쟁과 죽음에 대한 고찰」의 한 대목을 읽고, 뤼시의 이런 반응이 내포한 의미를 살펴보자.

"우리는 날마다, 아니 매시간 우리를 방해하거나, 화나게 하거나,

해친 사람을 없애버리고 싶은 무의식적 충동을 느낀다. '지옥에나 가라'는 표현은 화난 사람이 감탄사처럼 내뱉는 욕설이지만, 실제로는 '뒈지라'는 뜻이고, 우리의 무의식에서 이 표현은 상대가 죽기를 바라는 진지하고 강력한 소망이다. 사실 우리의 무의식은 사소한 이유로도 살인을 저지를 것이다."

이처럼 프로이트가 「문명 속의 불만」에서 말하는 바의 요지는 간단하다. 바로 그 순간 뤼시는 빈말이 아니라 정말로 앞차의 운전자를 죽이고 싶었다. 하지만 뤼시는 그럴 권리가 없다. 그녀가 오래 전에 조그만 새끼 포유류에서 불과 몇 달 만에 인간으로 둔갑할 수 있었던 것은 바로 이렇게 내면화된 금지 덕분이었다. 뤼시의 타고난 충동은 대부분 태어나자마자 금지되었다. 이미 규범과 금지로 점철된 문화적 환경에서 태어났기 때문이다. 이를테면 타인을 죽이거나 해쳐서는 안 된다는 금지, 어떤 것들—특히 부모의 침실에서 벌어지는 일—을 봐서는 안 된다는 금지, 부모가 그토록 애지중지하는 세 살 아래 여동생을 두들겨 패서는 안 된다는 금지, 그리고 자신을 향한 사랑과는 사뭇 다른 성격의 감정으로 어머니를 사랑하는 아버지라는 남자를 독차지해서는 안 된다는 금지…. 자연스러운 본능이지만 문명사회가 금기시하는 이 모든 충동을 뤼시는 자기도 모르게 수시로 검열하며 살아왔으며, 그 충동들은 그녀가 보고 싶어 하지 않는 그녀 자신으로 이루어진 하나의 차원을 형성하기에 이른다. 즉 프로이트가 '이드'[1]라고 부

---

1. Id: 프로이트가 말한 본능적 에너지, 리비도의 저장고이며 쾌락을 추구하고 불쾌함을 피하는 쾌감원리(快感原理)만을 따른다. 여기에는 도덕도 선악도 없으며 논리적인 사고도 작용하지 않

르는 무의식의 차원 말이다. 하지만 뤼시에게는 여전히 공격성이 남아 있어서, 그리고 무슨 수를 써서라도 공격성을 발휘해야 해서 공격의 대상은 다름 아닌 자신이 되고 그녀는 끔찍한 죄책감에 시달린다. 이를테면 그녀는 저녁마다 집에 들어가면 자신의 고단함은커녕 아름다움도 전혀 알아주지 않는 남자를 견딜 수 없다. 물론 뤼시는 종종 그 남자를 죽이고 싶다. 그를 여전히 사랑하지만, 그녀의 의식이 용납하지 않는 증오가 불쑥불쑥 치밀어 오르는 것을 어찌할 도리가 없다. 그래서 뤼시는 극심한 죄책감에 시달리며 자신을 단죄하고, 경멸하고, 응징한다. 이것이 바로 '문명 속의 불만'이다. 어떻게 미셸 베르제의 노래가 이 불만을 해소할 수 있었을까? 어떻게 미적 감동이 뤼시의 억압된 공격성을 충족하고, 그녀를 구원하고, 죄책감에서 해방하기에 이르렀을까? 그것은 바로 인간의 충동이 유연하기 때문이다. 인간의 충동은 자연이 정해주지 않은 대상에 만족하는 법을 터득한다. 이런 인간 충동의 유연성을 발견한 것이야말로 프로이트의 가장 위대한 업적이다.

인간은 공격적이지 않은 방식으로 공격성을 충족할 줄 아는 유일한 동물이다. 또한 성적이지 않은 방식으로 성적 충동을 해소할 줄 아는 유일한 동물이기도 하다. 실제로 공격적이지 않은 방식으로 공격성을 해소하는 사자나, 성행위가 아닌 방식으로 성본능을 해소하는 수도끼는 상상할 수 없다. 동물의 본능은 요지부동이다. 즉 동물은 본

는다. 시간 관념도 없고 무의식적이다. 프로이트는 이드를 독일어로 '에스(Es)'라고 했다. Es는 영어의 it에 해당하는 말인데, 라틴어로 '이드'라고 한다.

능이 지정한 대상만을 노리고, 그 목표물과 동떨어진 대상을 찾는 일탈적인 행동을 하지 못한다. 하지만 융통성이 있는 인간의 충동은 최초 목표물에서 눈을 돌려 자연적이지 않은 대상, 문명이 제안하는 대체물, 즉 아름다움 쪽으로 방향을 바꿀 수 있다. 하지만 인간의 충동이 최초의 목표물에서 멀어지려면, 우선 그 충동이 금지되고 억압되어야 한다. 그렇게 미적 감동에 재투자될 수 있는 에너지, 즉 리비도가 생성되고 미적 감동은 억압된 성적·공격적 충동의 승화로 정의된다. 요컨대 문명이 유아기의 우리에게 검열하라고 강제했던 충동들을 간접적이고, 정신적이고, 문명화된 방식으로 충족시켜주는 것이다. 프로이트가 왜 '문명 속의 불만'에 대한 해결책으로 승화를 제시하는지 이제 좀 이해할 수 있을 것이다. 이 불만은 우리 내면에서 갈등하는 초자아와 이드의 대립에서 비롯한 것이다. 즉 우리 내면에서 반사회적 충동을 표출하지 못하게 금지하는 어떤 부분과 끊임없이 충족해달라고 요구하는 부분 사이의 갈등, 사회의 요구와 충동적 개인의 요구 사이의 갈등이 바로 문명 속 불만의 기원이다. 게다가 우리를 온전한 인간이 되게 하는 것 역시 이 갈등이다. 하지만 그것은 우리를 지치게 하고 끊임없이 괴롭히기도 한다. 이것이 바로 미적 감동이 그토록 강렬하게 우리를 뒤흔드는 이유다.

이 기이한 쾌락을 느끼는 아주 짧은 순간에 뤼시의 마음속에서 그 모든 갈등이 갑자기 활동을 멈춘 것만 같다. 이때만큼은 이드가 요구하는 것을 초자아가 허락한다. 초자아가 금지하는 일체의 충동으로 이루어진 것이 바로 이드이므로 물론 이상한 일이기는 하다. 이때만은 우리를 사회적으로 인정된 인간이 되게 하는 그 갈등에서 벗어난 것만 같다. 그리고 이 순간에야말로 우리가 어느 때보다도 인간적인 존재가 된다는 사실에는 의심의 여지가 없다….

칸트는 미적 쾌락을 육체와 정신 사이 갈등이 종식된 상태로 보았다. 프로이트에게도 역시 미적 쾌락은 인간성에 내재하는 초자아와 이드 사이 갈등의 휴전 상태를 의미했다. 이처럼 불가능한 내적 조화를 잠시라도 느끼기 위해 우리에게는 아름다움이 필요하다. 하지만 단지 그런 상태를 엿보고, 한순간 경험하는 것만으로도 우리는 황홀경에 빠지고, 그것이 우리에게 속삭이는 약속만으로도 마음은 한껏 벅차오른다. 하지만 이미 그렇게 구원받았으니, 그것은 지켜질 필요도 없는 약속인 셈이다.

당신도 당신 안의 이 갈등을 떠올려보라. 한편에는 당신이 태어난 지 몇 달 뒤부터 줄곧 억압해온 일체의 공격성, 자연스럽게 갈망했던 모든 것―소유하기, 사랑을 독차지하기―과 문화적 규범을 신속히 내면화하여 스스로 금지하고 억압하며 살아온 모든 것을 들여다보라. 그러다가 '지긋지긋해.' '더는 견딜 수 없어!' '바보 같은 놈, 나가 죽어!'라고 외칠 때나 지독한 죄책감에 시달릴 때 순간적으로 폭발하던 그 모든 금지당한 공격성을 되새겨보라. 그 모든 충동의 목적은 결국 만족을 얻는 데 있으므로 이 공격성은 어떻게든 표출되어야 한다.

다른 한편에는 사회적·도덕적 이상의 중입김, '해야 해' 혹은 '하면 안 돼'라고 명령하는, 때로 의식적이고 대개 무의식적인 초자아의 준엄한 목소리가 있다. 이 문제에 관한 프로이트의 명제는 대단히 독창적이다. 즉, 우리가 어떤 그림의 아름다움에 완전히 빠져들었을 때 우리의 억압된 반사회적 충동은 그 아름다움에서 만족을 얻는다는 것이다. 이때 초자아는 그 만족을 용인할 뿐 아니라 심지어 그것에 '가치를 부여한다.' 이는 억눌렸던 공격적 충동이나 성적 충동이 예술작품의 아름다움에 홀린 듯이 깨어나 급기야 미술관이라는 사회적 틀안에서 충족되는 것과 같은 현상이다. 그리고 바로 이것이 미적 쾌락의 마법이다. 문명은 우리에게 금지된 것을 충족할 어떤 틀을 제공한다. 따라서 내가 「게르니카」를 보러 온 사람들의 평화주의적이고 낙천적인 언급에 까칠하게 굴었던 것은 잘못이다. 왜냐면 문화가 펼치는 이 고도의 속임수 앞에서 경이로워하는 것이 당연하기 때문이다. 문화는 예술가들의 중재를 통해 우리의 공격성을 정신적인 감동으로 바꿔놓을 줄 안다. 그리고 우리가 대체로 그것을 의식하지 못한다는 사실에 이 마법의 효력이 있다.

우리의 인생은 단 한 번뿐이며, 우리가 미적 감동을 경험하는 것도 바로 그 때문이다. 인생은 한 번뿐이지만 그 형태를 달리할 수 있다. 즉 변형이 가능하다. '인생은 한 번뿐이야…'라는 말은 더 정확하게는 '우리의 생명력은 단 하나다. 리비도가 바로 그것이다.'라는 말로 바꿔 표현할 수 있다. 인식하기는 어렵지만, 우리 자신의 공격성에서 나와 우리를 정신적 존재, 세련된 심미가로 만들어주는 것이 바로 이생명력이다. 그럴 때 두 가지 조건이 충족되어야 한다. 이 공격성을 억압하고 승화시킬 만큼 탁월한 작품을 만나야 한다. 이제 우리는 그런 작품의 창조자에게 느끼는 감정을 더 잘 이해할 수 있다. 그것은 인정이며, 깊은 감사의 마음이다. 예술가들이 없었더라면 우리는 비루함을 위대함으로 변화시킬 수도 없었고, 우리의 위대함과 비루함의 관계를 제대로 인식할 수도 없었을 것이다. 우리는 여전히 분열된 상태에 머물렀을 것이고, 계속해서 죄책감을 품고 있었을 것이다. 우리는 그 공격성을 '무력한' 상태로, 금지된 채로 우리 안에 가두고 그것을 우리 자신에게로 겨눴을 것이다. 이처럼 문제는 자신에게서 단절되어 있었던 우리에게 있었다. 우리가 아름다움에 감동하는 것은 마침내 자신을 되찾은 듯한, 진정한 구원을 받은 듯한 이 느낌에서 비롯한다.

뤼시의 아들에게 이 글을 읽어줘야 할 것이다. 그는 라디오헤드의 「크립(Creep)」과 뮤즈의 「뉴 본(New Born)」을 듣는다. 이 서정적인 대중음악은 그에게 엄청난 효과를 발휘한다. 요컨대 자기 안의 분노가 허락되고, 바로 그 순간 분노는 평안으로 바뀐다. 그는 느낀다, 자신의 공격성이 정신적 쾌락에 자리를 내주고 쫓겨나는 것이 아니라 정신적 승화 자체로 탈바꿈한다는 것을. 둘은 엄연히 다르다. 소년은 자신을 잃어야 하고, 잃은 만큼 자신을 되찾는다. 소년은 유튜브에서 8분 45초간의 순수한 은총을 연달아 여덟 번 재생한다. 황홀경에 빠진 십만 관객 앞에서 뮤즈가 「뉴 본」을 연주하는 웸블리 스타디움 공연 실황이다. 사람들의 눈을, 뻗은 팔을, 이마를 감싼 손을 바라보고, 가수를 바라보는 소년을 봐야 한다. 그렇다. 그 '인정'이라는 말이 포함하는 '감사'와 '자각'이라는 두 가지 의미에서 소년이 자신을 인정하는 모습을.

우선, 깊은 곳에서 우러나는 '감사'의 마음을 생각해보자. 음악이 아름다울 때 우리는 구원받는다. 아니, 적어도 구원받은 것처럼 느낀다. 신들린 듯이 노래하는 뮤즈의 보컬리스트를 보라. 거기에는 의심의 여지가 없다. 우리를 위대하게 하는 것은 바로 우리의 상처이며, 우리의 비루함이다. '인생은 한 번뿐'이기 때문이다. 우리의 비루함은 우리를 거대한 불길로 타오르게 하는 연료와 같다. 그러니 우리에게 이런 변신의 기회를 주는 예술가들에게 '감사한다'는 말밖에 달리 뭐라고 할 수 있겠는가? 그들이 없다면 우리가 이 비루함으로 무엇을 할 수 있겠는가? 그들이 없다면 우리의 폭력성으로 무엇을 할 수 있겠는가? 이 글을 쓰고 있는 나의 귓가에 마침 롤링 스톤스의 「와일드 호시스(Wild Horses)」가 들려온다. 마음을 진정시켜야 할 때 이 노래를 얼마나 자주 들었던가. 그리고 마음을 진정시키는 이 노래의 효과에 얼마나 자주 감탄했던가. 그러나 내가 여태 「와일드 호시스」에 '분노를 가라앉히는' 힘이 있다고 믿은 것은 착각이었다. 나는 이 진실을 오늘에야 깨달았다. 음악에 폭력성을 가라앉히는 힘이 있다면, 그것은 음악이 우리에게서 그 폭력성을 몰아내기 때문이 아니라, 우리가 그것을 인정하고 받아들일 수 있게 하고, 더 나아가 그것에 새로운 방향을 제시하기 때문이라는 것을.

우리가 아름다움을 창조하는 예술가들의 천재성을 인정한다는 것은 그들에게서 전 인류의 가능성을 '자각한다'는 의미도 있다. 그들은 평범한 수준을 넘어서고, 단 한 번뿐인 덧없는 삶을 위대한 작품으로 창조하는 가능성을 보여주는 본보기다. 천재들은 그것을 우리와는 다른 차원에서 이루어내지만, 우리도 그렇게 하고 싶은 바람, 진흙으로 황금을 만들어내고 싶은 열망을 불러일으킨다. 우리가 아름다운 노래를 듣고 슬픔에서 벗어날 때 노래가 우리에게 불어넣어주는 것이 바로 이런 열망이 아니겠는가? 부질없이 슬픔을 쫓아버리려고 하기보다는 마치 연금술처럼 그 슬픔을 전혀 새롭고 위대한 것으로 변화시킬 수 있다는 희망이 아니겠는가? 그것이 바로 우리가 슬플 때 슬픈 노래를 듣고 마음을 다독이는 이유다. 슬픈 노래야말로 우리가 슬픔, 고통, 나약함으로 무언가를 해낼 수 있다는 증거와도 같다. 그렇게 아름다움은 슬픔을 치유한다. 비록 완치는 아닐지 몰라도 우리가 슬픔과 함께 살아갈 수 있도록, 슬픔을 꿋꿋이 겪어낼 수 있게 지지해준다.

우리는 여기서 프로이트가 말한 승화의 개념이 얼마나 중요한지 깨닫는다. 비록 프로이트는 이 개념을 충분히 발전시키지 못하고 죽었지만, 승화는 우리 내면적 삶에 대해 단순히 '분리'라는 기계적 방식이 아니라 '변신' 혹은 '변형'이라는 화학적 방식으로 사고하라고 독려한다. 내 안에 나의 인간성과 분리된 부분은 없다. '좋은' 부분을 키우기 위해 '나쁜' 부분을 버려서도 안 된다. 문명은 자연으로부터의 분화가 아니다. '나쁜' 것이 '좋은' 것으로 바뀔 수 있는 조건들을 찾아야 한다. 문화는 변형이며, 본능의 승화이다. 앞차에 탄 '멍청이'가 '뒈시는' 꼴을 보고 싶어 힐 때 퓌시 인에 차오르는 것도 비로 그 생명력이며, 그것은 곧 음악적 감동의 소용돌이에서 녹아들어 다시금 새로운 희망이 되고 화해의 가능성이 된다. 그것은 형태만 다를 뿐 같은 생명력이다. 자연 상태의 조야한 형태이던 것이 승화하고 문명화한 형태로 바뀐 것뿐이다. 미셀 베르제가 「침묵의 순간」을 작곡한 날에는 이런 변형에 필요한 조건이 충족되었을 것이다. 이처럼 우리 안에 있는 '나쁜 것'을 '좋은 것'이 되게 하는 데 아름다움이 필요하다.

프로이트는 다빈치가 편지에 언급한 어린 시절 기억과 그림에 반복적으로 등장하는 주제의 관계에 주목하면서 승화의 개념을 적용했다. 어머니에 대한 사랑으로 어쩔 줄 모르는 억압당한 아이, 특정한 충동(pulsions certaines)에 대해 지나친 억압을 겪은 아이와 수많은 걸작을 낳은 위대한 예술가를 연관 지은 프로이트의 발상은 1910년 당시에는 말 그대로 혁명적인 것이었다. 프로이트는 평생 동정으로 살았던 금욕적인 동성애자 남성과 전에는 누구도 보지 못한 것을 볼 수 있었던 선구적 학자 사이에 필연적인 관계가 있다고 말한다. 그는 『레오나르도 다빈치의 유년의 기억』에서 "레오나르도 다빈치와 같은 유년기를 보낸 사람만이 「모나리자」와 「성 안나와 성 모자」 같은 작품을 그릴 수 있고, 자기 작품 세계에 그토록 서글픈 운명을 부여할 수 있으며, 자연에 대한 연구자로서 전대미문의 창조력을 발휘할 수 있다."고 확신한다. 프로이트에게 천재는 뮤즈로부터 영감을 받은 존재도 아니고, 천부적 재능을 타고난 존재도 아니며, 단지 그의 유년기가 만들어 낸 존재일 뿐이다. 천재를 만드는 것은 억압된 충동을 승화하는 그 어마어마한 능력, 가히 초인적이며 괴력에 가까운 능력이다. 다빈치는 이 이중적인 특성, 다시 말해 엄청난 억압과 엄청난 승화 능력 덕분에 천재가 될 수 있었다. 엄청난 억압을 받았으나 승화할 능력이 없는 사람은 미쳐버리고 말 것이다. 천재는 미치지 않고 늘 아슬아슬하게 살아간다. 천재의 재능이란 거의 광기로 치달은 다음 예술을 통해, 승화를 통해 자신을 구원하는 능력이다. 레오나르도 다빈치에게도 인생은 한 번뿐이었다. 위대한 화가이자 천재적인 학자로서의 삶은 혼외 자식인 내성적이고 억눌린 소년의 삶에서 비롯한 것이다. 다빈치의 위대함은 그의 비루함에서 비롯한다. 그렇다고 그 위대함의 실상이 초라한 과거일 뿐이라는 뜻은 절대 아니다. 그의 학구열, 지식에 대한 꺼지지 않는 갈증의 원천은 초년의 삶에서 찾을 수 있다. 즉 아이가 어떻게 생기는지를 알고자 하는 어린 소년의 욕망, 성에 관해 알고자 하는 욕망은 너무도 맹렬했으며 이 맹렬한 욕망은 가차 없이 억압되었다. 이 억압된 호기심은 리비도적 에너지를 이루어 뒷날 정신적 추구에 재투입된다. 프로이트가 고체에서 기체 상태로 곧장 이행하는 현상을 가리키는 '승화'라는 화학 용어를 빌려온 것은 조금도 놀랍지 않다. 얼음이 수증기로 승화할 때도 형태만 바뀔 뿐 H_2O라는 화학 구조는 변함없다.

프로이트가 과학 탐구에 대한 열정과 천재적인 창조력이 어떻게 성적인 억압에서 비롯하는지 설명한 내용을 보면 천재의 비밀을 완전히 규명하지는 못했음을 알게 된다. 실제로 많은 사람이 어린 시절에 매우 강한 억압을 경험하지만, 그렇다고 모두 레오나르도 다빈치가 되는 것은 아니다. 물론 프로이트도 그 사실을 잘 알고 있었지만, 구체적으로 어떻게 해서 천재가 되는지 언급한 적은 없었다. 그것은 결과적으로 잘한 일이었다. 만약 그랬다가는 다빈치 같은 숭고한 천재를 진흙탕으로 끌고 들어간다는 비난을 사게 되리라는 것을 프로이트는 잘 알고 있었다. 사실 그는 천재를 진흙탕으로 끌고 들어가기는커녕 천재는 진흙탕에서 '나온다고', 하지만 진흙탕을 숭고한 물질로 변화시킬 줄 아는 사람이라고 주장했다. 우리가 다빈치의 작품을 보며 감동하는 것도 바로 그런 능력 때문일 것이다. 그런데 다빈치는 대체 어떻게 그런 변화를 실현할 수 있었을까? 그 비결은 프로이트도 모른다. 아무도 모른다. 레오나르도 다빈치는 자신의 특수한 경험과 충동을 바탕으로 수많은 사람이 거기서 자신을 발견할 작품을 창조했고, 사적이고 특수한 것으로 일반적이고 보편적인 것을 창조했다. 하지만 '어떻게?' 프로이트는 그 질문에는 답하지 않았다. 오히려 우리는 프로이트가 제시한 분석 때문에 더욱 깊은 미궁에 빠져버렸는지도 모른다.

프로이트 분석─특수하게는 정신분석학적 조명, 일반적으로는 합리적 설명─의 의의는 딱 여기까지다. 한 줄기 조명으로 수수께끼의 모든 신비를 밝혀낼 수는 없다. 그것은 신비의 일부를 조명하지만, 나머지 부분은 더 깊은 어둠 속에 잠겨 있다. 합리적 분석은 신비를 부정하지 않는다. 그 둘은 공존한다. 이해하면 할수록 신비는 더 깊어진다. 평생 이해하고 싶은 열망에 사로잡혀 살았던 알버트 아인슈타인은 '이 세상에서 인간이 느낄 수 있는 가장 멋진 기분은 신비로움'이라고 하지 않았던가.

어쨌든 우리가 타인의 작품에서 자신을 발견하는 것은 둘 사이에 공통점이 있기 때문일 것이다. 비록 레오나르도 다빈치처럼 재능은

레오나르도 다빈치, 성 안나와 성 모자

갖추지 못했지만 우리에게도 공격적 충동, 성적 충동, 소유욕, 금지된 것을 알고 싶어 하는 억압된 충동이 있다. 프로이트는 한 걸음 더 나아가, 다빈치의 천재성은 억압된 충동의 속성이 아니라 억압의 강도와 억압된 충동을 승화하는 방식에 있다고 말한다. 다빈치가 억압된 충동 때문에 망가지지 않을 수 있었던 것은 승화에 성공한 덕분이다.

요컨대 다빈치에게 천재적 재능이 있었다는 사실은 우리가 그에게 동질감을 느끼는 데 걸림돌이 되지 않는다. 레오나르도 다빈치는 감동의 절정에 다다른 우리에게 인간성에 대한 질문을 던진다. 문화는 어떻게 우리가 스스로 본능의 일부를 억제하게 할까? 아름다움은 어떻게 우리가 줄곧 억압해온 것을 승화할 수 있게 할까? 물론 다빈치는 우리가 흉내 낼 수 없는 고양된 승화를 실현했지만, 우리도 「성 안나와 성 모자」 같은 걸작의 아름다움에 매료될 때 우리 자신의 억압된 충동을 승화한다.

레오나르도 다빈치가 얼마나 오랜 시간과 공을 들여 작업했는지, 또 얼마나 맹렬히 작업에 몰입했는지는 익히 알려져 있다. 하나만 예로 들면, 그는 「성 안나와 성 모자」를 장장 8년에 걸쳐 쉬지 않고 작업했지만, 결국 생전에 완성하지 못했다. 그 8년 동안 다빈치는 완벽한 형태와 알맞은 빛을 찾는 데 골몰했다. 그가 그린 밑그림을 자세히 조사해보면 그의 연필이 가다듬고 고치기를 반복하며 얼마나 오래 망설였는지, 얼마나 집요하게 탐색했는지 알 수 있다. 그는 무언가를 찾아낸 뒤에야 연필의 움직임을 멈추었다. 다빈치는 무엇을 찾아 그토록 끊임없이 헤맸던 것일까? 그가 그토록 정확히 포착하려고 했던 것은 무엇일까? 그는 무엇을 형상화하고 싶었던 것일까?

프로이트는 다빈치의 연필과 붓을 움직인 것이 성서의 가르침도, 그림을 주문한 프랑스 국왕의 뜻도 아니었고, 최대한 정확하게 내면을 형상화하려는 열망, 억압된 충동을 충족할 모티프를 찾으려는 열망이었다고 말한다. 그의 이런 과격한 해석이 천재는 신이나 하늘이 내린 영감을 받아 명작을 만들어낸다고 믿는 사람들의 공분을 샀던 것도 충분히 이해할 만하다. 우리가 「성 안나와 성 모자」가 아름답다고 말하는 것은 그림에 재현된 것—동정녀 마리아는 어머니 성 안나의 무릎에 앉아 있고, 아기 예수는 성모 마리아의 발치에서 어린양의 목을 안고 어머니 손에서 벗어나려고 한다—을 지각할 수 있기 때문이 아니라 다빈치가 느꼈을 충동을 우리도 느꼈기 때문이다. 사실상 우리는 이 그림에서 경이로운 시선의 유희—성 안나는 마리아를, 마리아는 아들을, 아들은 어린양을 바라보는—보다는 이 시선들이 감추고 있는 것에 더 민감하게 반응한다. 우리가 이 그림에서 쾌락을 느끼는 것은 다빈치가 힘겹게 찾아내고 엄청난 에너지로 충만한 리비도를 투입한 그 아름다운 형태들 덕분에 우리 자신의 억압된 충동을 스스로 승화하기 때문이다.

그렇다면 앞서 살펴본 헤겔의 해석에 대한 반론이 불가피해진다. 프로이트에게 작품은 의미를 상징하기 때문이 아니라 무의식적 쾌락을 발생시키기에 아름다운 것이다. 내가 그 걸작 앞에서 쾌락을 느끼는 것은 '의미를 경험'하기 때문이 아니라, 나의 억압된 본능을 정신적으로 충족했기 때문이다. 「성 안나와 성 모자」는 신이나 사랑에 대해 말하기에 아름다운 것이 아니라, 나 자신에 대해 말하기에, 표출되기만을 기다려온 나의 일부를 표출할 기회를 주기에 아름답다. 여기서 신이나 사랑이라는 주제는 감상자가 마음 놓고 무의식적 쾌락을 만끽하는 데 필요한 수단일 뿐이다. 다시 말해 화면에 노출된 신이나 사랑의 형상은 감상자가 억압된 성적·공격적 충동을 스스로 충족하는 데 필요한 가림막에 지나지 않는다. 아름다움이 그토록 우리를 매혹하는 이유를 이제는 이해할 수 있다.

아름다움은 우리에게 무언가를 보여주지만, 실제로는 다른 것을 말한다. 아름다움은 우리에게 평화로운 성 안나와 아들을 측은히 바라보는 마리아를 보여주지만, 우리의 억압된 무의식적 충동에 말을 건다. 아름다움은 우리에게 형태와 색의 조화를 보여주지만, 우리 마음속 깊은 곳으로 파고들어 반사회적이고 추잡한 충동을 건드린다. 한마디로, 아름다움은 다른 곳으로 눈을 돌리게 해서 우리를 사로잡는다. 아름다움은 형식적인 유희를 보여주거나 심지어 가치를 상징화하는 방식으로 우리를 현혹하지만, 프로이트의 표현대로 '암시장에서 거래되는 물건을 건네듯' 슬그머니, 훨씬 더 깊은 무의식적 쾌락을 만끽할 기회를 제공한다.

"오, 인간이여! 나는 아름답다, 돌의 꿈처럼."이라는 보들레르의 유명한 시구처럼 「성 안나와 성 모자」의 아름다움은 실제로 '돌의 꿈'처럼 굳어 있다. 그림 속에서 인물들은 깎아지른 산봉우리를 배경으로 절벽 같은 바위 비더 위에 의미심장한 자세로 불멸화되어 있니. 성 안나와 성모마리아의 얼굴은 영원한 빛을 받아 빛나는 듯하다. 하지만 '돌의 꿈'과 같은 이 부동의 아름다움 이면에는 깨어나고 충족되는 리비도가 꿈틀거린다. 아름다움은 교란한다. 아름다움이 선사하는 의식적 쾌락은 무의식적인 쾌락을 숨김으로써 그것을 느낄 수 있게 해준다. 어쩌면 오직 우회적인 방식으로만 우리가 본질에 접근할 수 있기에, 충동으로 이루어진 우리의 진실을 정면으로는 응시할 수 없기에 우리에게 아름다움이 필요한지도 모른다. 그렇다면 이런 아름다움의 속임수는 우리가 진실과 대면하는 데 필수적이다. 그것이 바로 니체가 남긴 유명한 문장—"진리 때문에 몰락하지 않도록 우리에게는 예술이 있다."—의 의미다.

그뿐이 아니다. 나는 이 레오나르도 다빈치의 걸작 앞에서 변형이 가능하다는 구체적인 증거를 목격한다. 나는 바로 그 변형의 결과물을 들여다보고 있다. 그는 성공했고, 나는 생면부지인 그를 느낀다. 레오나르도 다빈치는 진흙으로 황금을 만들었다. 그렇다면 나라고 왜 못 하겠는가? 그렇다, 어쩌면 그 모든 진실한 미적인 감동은 내게 이렇게 속삭이는지도 모르겠다. '나도 할 수 있어, 나도 진흙탕에서 나왔지만, 이렇게 숭고한 아름다움이 양팔 벌려 나를 반기잖아?'

우리는 앞서 미적 쾌락의 수수께끼를 살펴보면서, 미적 쾌락을 우리 안에 있는 과도한 폭력성의 '기계적' 배설로 보는 아리스토텔레스의 카타르시스 개념을 비판한 바 있다. 우리는 프로이트 분석의 도움을 받아 이 비판을 보강할 수 있다. 아리스토텔레스는 태생적으로 우리 안에 반사회적 폭력성이 있다고 가정하면서 더 나은 삶을 위해서

130

는 그것을 '흘려보내야' 한다고 주장한다. 프로이트는 이런 기계적이고 환원적인 인간관을 비판한다. 만약 우리가 프로이트를 좇아 기계적 비유가 아니라 화학적 비유에 따라 인간을 사고한다면, 배설이 아닌 정화의 원리로 미적 감동을 이해할 수 있다.

하지만 원래 의학용어에서 유래한 '카타르시스(κάθαρσις)'라는 이 그리스어는 '배설'로도 '정화'로도 번역될 수도 있다. 어쩌면 아리스토텔레스는 『시학』에서 연극적 재현의 아름다움이 관객에게 과도한 폭력성을 배설할 기회를 제공한다고 쓸 때 그 폭력성이 다른 뭔가로 탈바꿈할 기회라는 사실을 깨달았을지도 모른다. 만약 카타르시스를 '배설'이 아니라 '정화'로 이해한다면 이 개념을 복권시킬 수 있을 뿐 아니라 미적 쾌락을 인간의 삶에 필수적인 카타르시스로 정의할 수 있다. 다시 말해 우리에게 아름다움이 필요한 것은 단순히 '머리를 비우기' 위해서도, 잉여분의 열정을 배출하기 위해서도 아니며, 아름다움은 격렬한 운동이 불러일으키는 효과 이상의 것을 우리에게 준다. 우리에게 아름다움이 필요한 것은 우리 안의 생명력을 다른 방식으로 경험하고, 우리가 더 충만하고 더 복합적인 방식으로 존재하기 위해서다. 논의를 조금 확장해본다면, 아름다움은 우리가 우리 안에서 벌어지는 생명의 활동을 충만하게 수용할 수 있게 도와준다고 말할 수 있겠다. 물론 그 활동을 이해하는 방식은 저마다 다를 것이다.

우리는 비록 자신의 리비도를 놀라운 에술작품으로 승화하지는 못하더라도 적어도 내면에 떠오르는 인상들을 통해 (아마도 승화가 일

클로드 모네, 루앙 대성당

어날 때보다는 덜 강렬한) 자신의 생명 활동을 자각할 수는 있을 것이다. 왜 우리는 하늘의 변화에, 순식간에 달라지는 색과 빛에 감동할까? 그 변화는 우리 생명력의 변화, 기분이나 인상의 변화를 반영하는 것이 아닐까? 모네가 「루앙 대성당」과 「수련」 같은 연작을 남겼듯이 인상주의 화가들은 같은 모티프로 여러 작품을 남겼다. 그들은 자신이 받는 인상의 지극히 미묘한 변화를 시각화하는 방식으로 그림을 그렸다. 이처럼 아름다움 덕분에 마음속에서 벌어지는 변화를 받아들일 때 중요한 것은 바로 변형이다.

이미 살펴보았듯이, 헤겔은 여러 차례 예술의 아름다움을 찬양하고 자연의 아름다움을 하위에 두었지만, 헤겔 역시 자연의 아름다움에 적어도 '그것과 일치하는 어떤 영혼의 상태를 우리 존재 깊숙한 곳에서 환기하는' 힘이 있다고 생각했다. 예술의 아름다움이나 자연의 아름다움이 우리의 억압된 충동을 승화하든, 단순한 '인상'을 남기든, '영혼의 상태'를 변화시키든, 우리에게 아름다움이 필요하다는 사실에는 변함이 없다. 우리 내면에서 이드가 작동하고 변화하고 진화하고 뭉치고 풀린다는 것을, 우리 안에 '이드가 살아 있다'는 사실을 자각하기 위해 우리에게는 아름다움이 필요하다. 우리의 연애사, 우리의 가슴앓이, 불쑥 솟아나고 피어났다가 곧 사그라지는 지독한 사랑의 경험도 바로 그 사실을 일깨운다. 이드는 우리 내면 깊은 곳에 살아 있고, 우리가 사랑의 고통으로 몸부림쳐도 끈질기게 살아남는다. 하지만 우리는 그 사실을 쉽시리 받아들이지 못한다. 바로 그때 우리는 아름다움에 대한 갈증을 느낀다. 우리 안에 벌어지는 이 생명의 꿈틀거림을 받아들이는 데 도움을 얻고자 우리는 슬픈 노래의 아름다운 선율에 귀 기울이고, 아름다운 풍경을 바라보러 여행을 떠난다. 미적 감동을 경험하는 순간에 드러나는 것은 바로 생명이다. 우리는 삶을 욕망하고, 그 욕망은 아름다움을 통해 표출된다. 새롭고 유익하고 정신적인 방식으로, 복잡하면서도 정확한 방식으로, 즉 자유롭게 욕망을 표출하기 위해서는 아름다움이 필요하다.

앞서 우리는 프로이트의 정의에 따라 이 생명력을 '리비도'라고 불렀다. 정신분석에 거부반응을 일으키는 독자들이 있다면 안심해도 될 것이다. 왜냐면 이 생명력을 언급한 사람은 프로이트만이 아니기 때문이다. 스피노자처럼 '코나투스'라고, 니체처럼 '권력의지'라고, 베르그송처럼 '생명의 약동'이라고 불러도 무방하다. '코나투스'는 각각의 실재가 '자기 존재 안에 존속하도록' 추동하는 생명력을 가리킨다. "각 실재는 할 수 있는 한 '자기 존재 안에 존속하려고' 노력한다."(『에티카』3부, 정리6)라는 스피노자의 유명한 명제를 이해하고 싶다면 질주하는 말을 바라보라. 그 의미가 대번에 와 닿을 것이다. "존재한다는 것은 자기 존재 안에 존속하는 것이다." 큰 보폭으로 나아가는 규칙적인 다리의 동작과 몸을 웅크렸다가 한껏 펴면서 들판을 박차고 달리는 모습을 잘 살펴보라. 그것이 바로 '자신의 존재 안에 존속하려는 노력'이다. 하지만 인간의 실존은 말의 실존보다 조금 더 복잡하다. 아름다움이 주는 이 묘한 쾌락도 인간이라는 동물이 '자기 존재 안에 존속하고', 자기 몫으로 주어진 생명에 충성하는 방식 가운데 하나다.

니체는 『차라투스트라는 이렇게 말했다』에서 바로 이 생명에 발언권을 준다. "'보라,' 생명이 말한다. '나는 언제나 자신을 극복해야만 하는 것이다.'" 이처럼 스스로 자신을 먹고 자라는 이 힘, 자신의 활동을 양분 삼아 더욱 강렬해지는 이 분출, 형태와 강도를 달리하며 끊임없이 변전하는 이 흐름이 바로 생명이다. 우리의 생명이 실제로 모습을 바꾸면서, 우리가 아름다움에 감동하는 순간에는 더욱 강해지면서 변신을 계속하기 위해서는 아름다움이 필요하다. 아름다움이 없다면 우리 생명은 다시는 찾아오지 않을지도 모를 도약과 변신의 기회를 노리며 존재의 밑바닥에서 한없이 기다려야 할지도 모른다. 그동안 우리는 미완성 상태로 불완전하고 불행하고 죄의식에 사로잡힌 채 살아가야 할 것이다.

단순하게 말해보자. 우리가 질주하는 말과는 다르다는 것을, 무엇보다도 로봇과는 다르다는 것을 느끼기 위해 우리에게는 아름다움이 필요하다. 우리는 주간지 표지에 '첫 만남의 화학작용', '증오의 유전자' 같은 제목이 넘쳐나는 시대를 살고 있다. 몇 가지 유전자 혹은 분자의 결합, 몇 가지 '물질적' 실체를 분석하면 우리를 사로잡는 열정의 비밀을 밝혀낼 수 있다는 듯이 말이다. 이처럼 신경과학이 발전하면서 기계론적 인간관이 압도적인 강세를 보이고 있다.

우리는 녹음된 목소리의 지시에 따르고, 인간적인 문제를 별표나 숫자를 누르는 선택으로 표시하는 현실을 받아들이면서 점점 더 아무렇지 않게 자동적이고 기계적인 행동방식을 따른다. 심지어 운 좋게 자동응답 서비스가 아니라 진짜 사람과 대화하게 된다고 해도 그들이 하는 말은 미리 정해놓은 매뉴얼과 프로그램에 따라 반복적으로 실행하는 대답일 뿐이다. 결국 우리가 통화하는 상대는 기계나 다름없는 존재다. 바로 이런 '프로세스'의 세계가 기업과 행정기관은 물론이요 우리의 일상생활까지 집어삼키고 있다. 어떤 사람들은 이런 '비인간화 현상'을 떠받치는 거대한 환상을 간파할 것이다. 즉 인간이 기계가 되거나 기계로 대체될 수 있고, 인간의 주체성은 배제되거나 묵살될 수 있다는 환상 말이다. 우리는 왜 자신을 비인간화하는 이 모든 행위를 그토록 쉽게 받아들이는 것일까? 어쩌면 우리는 스스로 주장하는 것만큼 인간의 '인간성'에 그리 집착하지 않는지도 모르겠다. 어쩌면 괴로워하고, 의심하고, 망설이고, 불확실성에 좌우되는 이 인간성이라는 부담, 우리의 '삶'이라는 짐을 내려놓게 된 것을 기뻐하는지도 모르겠다.

하지만 우리는 아름다움에 감동할 때면 우리가 그런 '기계화'가 아니라 다른 무언가를 얼마나 간절히 열망하는지 깨닫는다. 아름다움은 갑자기 창문 너머 번개 치는 보랏빛 하늘에 모습을 드러내고, 때로는 정체구간에서 듣는 음악의 선율을 타고 다가오며, 때로는 정면에서 바라본 성당의 외벽에 예기치 않게 나타난다. 우리는 마음속에 번지는 기쁨을 느끼며 생각한다. 로봇이 되고 싶지 않다고, 그래도 이 복잡하고 고통스러운 인간성을 사랑한다고, 때로는 몹시 버거울지라도 주체성이라는 이 짐을 여전히 짊어지고 싶다고.

아름다움은 인간으로 살아가는 우리의 고단함과 권태를 치유해준다. 온갖 불안과 곤경이 따른다고 해도 여전히 인간으로 살고 싶은 우리의 욕망을 회복해준다. 어쩌면 머지않은 미래에 우리가 여기저기

보철을 박고 심장박동기와 인공신장을 장착한 사이보그가 아니라 더 완벽한 로봇이 된다면, 그래서 우리 감정이 화학적으로 프로그램화되고 조절된다면, 신경계를 몇 번 재부팅해서 우리가 직면한 실존적 난국을 타개하는 시절이 온다면, 우리가 한때 인간이었다는 사실을 상기시켜주는 것은 미적 감동밖에 없을 것이다.

우리는 프로이트가 말한 승화의 의미를 더 확장함으로써, 아름다움이 인간 고유의 생명력을 표출할 수 있게 한다는 위와 같은 견해에 다다랐다. 더 나아가, 우리는 이 견해를 바탕으로 '프로이트가 모든 것을 성적인 것으로 환원해서' 인간의 모습을 충동에 사로잡힌 백치로 묘사하려고 했다는 오해를 바로잡을 수 있다. 이런 오해는 프로이트 정신분석의 정수를 호도할 뿐이다. 왜냐면 인간의 충동은 이 승화 능력을 통해 동물의 본능과 명확히 구별되기 때문이다.

말하자면 인간에게는 하나같이 '도착'이 있는데, 이는 참으로 다행스러운 일이다. 도착(perversion)은 변태성욕(perversité)과 엄연히 다르다. 도착은 자연적 대상으로 향하던 충동이 방향을 전환하는 현상을 가리킨다. 그러므로 도착 자체가 일종의 승화라고 할 수 있다. 이처럼 공격적·성적 충동을 제어한다는 점에서 인간은 여느 짐승들과는 확연히 다르다. 단순한 형상, 아름다운 형상으로 충동을 충족하는 행태도 다른 동물에서는 찾아볼 수 없다. 프로이트는 조각이나 문학은 물론이요 특히 회화의 형식에 민감했다.

프로이트는 자신이 음악에 얼마나 무감각한지 여러 차례 고백했다. 예들 들어 그는 바그너의 오페라 「니벨룽겐의 노래」를 고작 '괜찮다'고 평하는가 하면, 이 오페라를 듣고 아무 느낌도 들지 않았다고 고백했다. 어쩌면 프로이트의 이런 무감각은 음악이 불러올지 모를 극렬한 혼란에 대한 방어기제가 아니었을까? 그렇다면 우리를 뒤흔드는 강렬한 음악적 감동에 접근하는 데 프로이트의 승화 개념을 적용해볼 수 있을 것이다. 사고의 자유를 확보하려는 이런 시도는 그 자체로 철학적 행위다. 이제 논의를 조금 더 진전시켜보자.

자연물의 형태 혹은 자연풍경의 아름다움에 압도될 때도 우리는 리비도 차원의 만족을 느끼는 것이 아닐까? 프로이트는 당연히 이 가정을 증명할 수 없었을 것이다. 그에 따르면 감상자가 회화의 형태를 통해 리비도를 승화할 수 있는 것은 화가가 직접 그 형태에 자신의 리비도를 투입했기 때문이며, 게다가 인간에게는 몇 가지 공통된 충동이 있기 때문이다. 프로이트에 따르면 화가는 예술적 아름다움을 통해 타인들에게 말을 거는 사람이다. 아름다움은 다리처럼 사람들을 이어준다. 아름다움은 똑같은 불만, 똑같은 승화 욕구에 시달리는 문명화된 동물들을 서로 이어주는, 무너지기 쉬우면서도 경이로운 다리와 같다. 사랑도 문화도 마찬가지다. 따라서 산의 절경을 바라보면서 「모나리자」를 보며 느끼는 것과 똑같은 감동을 경험할 수는 없다. 그렇다면 자연의 형상이 우리를 그토록 깊이 감동시키는 힘을 발휘하는 이유는 무엇일까?

프로이트의 주장과 달리, 자연의 형태도 리비도를 충족한다고 상상할 수는 없을까? 그 형태가 어른이 된 우리 안에 여전히 현존하는 '인간의 새끼'를 일깨우는 것은 아닐까? 언어를 습득하기 전 아이에게 세계는 오로지 형상들만으로 이루어져 있었을 것이다. 어린 시절 우리는 요람에 누워 있거나 어른 품에 안겨 있었을 테고, 세계는 우리 주위에 시종일관 변모하는 수수께끼 같은 형상들로 펼쳐졌으리라. 그런데 유아기는 가장 강력한 억압이 이루어지는 시기이기도 하다. 즉 인간이 되어가는 시기다. 우리는 어느 때보다도 생후 최초의 몇 달 동안 금지된 충동을 철저히 억압당하고, 영문도 모른 채 문명의 금기를 내면화한다. 그리하여 우리는 아주 간단하게, 그리고 아주 고통스럽게 사회에서 인간으로 살아가는 법을 배운다. 그렇다면 어린 시절 내면의 가장 깊은 저층을 이루던 리비도가 우리의 주변환경, 우리를 둘러싼 세계의 형태에 '부착'되지 않았을까? 어머니의 가슴이나 입의 형태뿐 아니라, 천장 혹은 요람의 장식, 대롱거리는 모빌 장난감, 반쯤 열린 문틈으로 갑자기 들어온 햇살이 그려놓은 형태들도… 우리가 평생 그 형태를 되찾으려고 애쓰는 것은 아닐까? 눈 덮인 골짜기의 아름다움에 매혹될 때, 특정한 체형 혹은 특정한 신체 부위의 아름다움에 강박적으로 집착할 때, 우리는 거듭해서 우리가 경험한 최초 세계, 최초 형태의 흔적을 찾고 있는지도 모른다. 만약 그렇다면 자연의 아름다움이 불러일으키는 리비도의 투사는 더욱 직접적이라고 할 수 있다. 굳이 승화를 말할 것도 없이, 그 아름다움이 우리가 리비도를 집중했던 최초 형태를 간단히 상기시킬 테니 말이다.

하지만 프로이트 이후 모든 논쟁에서 나타나는 부작용은 아름다움에서, 더 정확하게는 승화에서 인류의 모든 악에 대한 해결책을 찾는다는 것이다. 이론상으로는 그래야 마땅하다. 억압된 공격적 충동이 모두 승화된다면 억압된 것이 원초적인 형태로 되돌아오지 못하게 막을 수 있을 테고, 문명화된 동물의 불만은 해소될 것이다. 그것은 '문명 속의 불만'에 대한 해결책으로 승화를 제시하기에 이르렀을 때 프로이트가 생각했던 것이기도 하다. 게다가 그는 1930년대에 인종주의, 즉 반유대주의라는 증오가 격발하는 상황을 목도하며 자신의 견해를 더욱 정교하게 다듬었다.

하지만 프로이트는 결코 정신주의적 이상주의에 빠지지 않았다. 앞서 말한 승화의 긍정적인 효과가 있다고 해도 단지 일시적이고 일회적인 반면, '문명 속의 불만'이야말로 구조적이라는 것을 프로이트는 잘 알고 있었다. 아름다움을, 문명화된 동물들이 겪고 있는 그 모든 압박에 대한 치료제로, 만병통치약으로 간주하는 것은 근본적으로 그의 정신에 위배되는 것이었으리라.

모차르트와 릴리를 좋아하는 유미주의자 나치들이 존재한다는 단순한 사실만 봐도 승화의 한계는 명백하다. 저녁에 연주회장에서 미적 감동을 느끼며 억압된 공격성을 승화하고, 이튿날 아침에 무고한 아이들을 사형장으로 보내면서 직접적으로 공격성을 표출하지 말라는 법은 없다. 오히려 억압된 공격성을 일깨우는 미적 감동이야말로 위험한 것인지도 모른다. 일깨워진 공격성은 승화될 수도 있지만, 노골적으로 표출될 수도 있다. '정화'라는 말이 인종청소의 뜻으로 쓰인 적도 있지 않았던가?

누군가는 이렇게 말할지도 모르겠다. '실제로 아름다움은 아무것도 해결하지 못하고, 궁극적으로 아무것도 결정짓지 못한다. 설령 미적 쾌락을 느끼는 순간에 승화가 일어나도 그것은 찰나에 지나지 않는다.' 어쨌든 분명한 사실은 '문명 속의 불만'은 결코 사라지지 않고, 본능적인 충동을 그토록 무자비하게 억압해야 하는 동물은 이 세상에 오직 인간밖에 없다는 것이다. 아마도 이것이 미적 쾌락이 그토록 강렬하게 느껴지는 이유일 것이다. 미적 쾌락의 순간은 우리가 마치 운명적인 인간 조건에서 잠시 벗어난 것처럼 항시적인 불만 상태에 찾아오는 짧은 '휴지(休止)'와 같다. 우리는 앞서 이 순간이 지속하지는 않지만 영원처럼 느껴진다고 했다. 영원은 불멸과 다르다. 불멸이란 언제까지나 살아 있는 것을 말한다. 다시 말해 불멸은 끝없이 시간 속에 머물며 무한정 살아가는 것이다. 하지만 영원은 시간을 벗어난 상태를 의미한다. 그래서 미적 쾌락을 느낄 때 우리는 영원한 무언가에 다다른 듯한 느낌, 시간을 초월한 듯한 인상을 받는다. 결국 순간의 강렬함이 영원성을 띠게 된 것이다. 즉 이 순간은 너무도 강렬해서 시간의 흐름 속에 존재할 수 없는 것이다. 우리가 반사회적 욕망을 억압하는 것도, 점차 인간다워지고 '문명화'되는 것도, 내면의 갈등을 겪으며 자신을 형성해가는 것도 삶이라는 시간의 흐름 속에서 이루어진다. 만약 프로이트의 주장대로 우리가 아름다움에 매료되는 찰나에 몇 년, 아니 몇십 년째 무의식의 밑바닥에서 충족되기만을 기다려온 억압된 충동을 승화할 수 있다면, 우리가 미적 쾌락의 순간에 시간의 흐름에서 벗어난 듯한 인상, 내적 갈등이 해소된 듯한 인상을 받는 것도 충분히 이해할 만하다. 비록 인상에 지나지 않는다고 해도 그 인상이 우리에게 불러일으키는 효과는 어마어마하다.

마르크—우리가 지금까지 지켜본 강박적인 바람둥이의 이름이다—에게 예기치 못했던 일이 벌어진다. 마르크는 지금 퐁피두센터 앞에 있는 생퇴스타슈 성당으로 들어가고 있다. 조금 전 어떤 여자를 뒤따라가 실없는 농담을 걸어보았지만, 그녀가 시큰둥한 반응을 보이며 가버리자 마르크는 조금 뻘쭘해졌다. 그는 몇 분 뒤에 또 다른 여자를 쫓아갔고, 이번에는 곧장 몇 마디 건넸다. "실례지만, 저와 커피 한잔 하실까요?" "아뇨, 그럴 시간 없어요." 하지만 그들은 결국 잠시 이야기를 나눴고, 몇 차례 미소도 주고받았다. 그녀는 다정함과 호기심이 어린 목소리로, 길에서 처음 본 여자한테 자주 접근하느냐고 물었다. 그리고 전화번호를 알려줄 것 같던 순간에 그녀는 떠나버렸다. 마르크는 자신이 성당에 들어와 있다는 것을 그제야 깨달았고, 정신을 차려 보니 장중한 오르간 연주와 함께 성가대의 합창이 가늘게 울려 퍼지는 가운데 한 소녀가 바이올린을 켜고 있다. 그는 슬그머니 걸어가 긴 나무의자에 앉는다. 오르간 연주는 그에게 비장한 감정을 불러일으키지만, 성가대 합창은 훨씬 경쾌한 느낌이 든다. 바이올린 소리는 또 다른 무언가를 말하는 듯하다. 그는 두 눈을 감는다.

조금 전까지 사나운 충동의 포로가 되어 거리를 활보하던 그는 갑자기 강렬한 감동에 사로잡혀 정신이 고양된다. 빈빈이 달아나는 만족을 찾아 부질없이 헤매던 그의 마음속에 뜻하지 않은 만족감이 차오른다. 자, 이것 역시 아름다움이 우리에게 주는 깨달음이다. '찾지

않을 때야 비로소 찾을 수 있다.'

프로이트가 승화에 대한 이론을 펼치기 50년 전에 니체는 이미 미적 쾌락의 본질이 바로 '본능의 정신화'라고 말했다. 마르크는 눈을 감고 음악이 자기 안에 들어와 효과를 발휘하는 동안 꼼짝도 하지 않고 앉아 있다. 비록 그는 "춤추는 별을 낳기 위해서는 자기 안에 혼돈을 품고 있어야 한다."는 니체의 글을 읽은 적은 없지만, 자기 안에서 춤추는 별을 좀 더 오래 간직하고 싶어 한다. 마르크는 음악이 멎고도 한동안 눈을 뜨지 않는다. 조금만 더. 조금만 더…. 그는 다시 거리로 나온다. 그리고 들뜬 파리의 거리에서 어느 젊은 여자를 쫓아가고 있다. 그녀는 바쁘고 짜증난 기색이지만, 그대로 보낼 수 없을 만큼 관능적이다. 붙잡아 세우고 말이라도 걸어보려고 그는 이제 반쯤 뛰다시피 하고 있다… 보라, 아름다움은 아무나 구원하지 못한다. 아름다움은 아무것도 해결하지 못한다. 도스토옙스키는 『백치』에서 미시킨 공작의 입을 빌려 "아름다움이 세상을 구원할 것이다."라고 말했다. 차라리 이렇게 정정하자. "아름다움은 단순히 구원의 가능성을 엿보게 할 뿐이다." 혹은 "아름다움은 우리에게 한순간 구원을 믿게 한다." 생퇴스타슈 성당에서 마르크가 음악에 취해 경험한 감동이 아무리 강렬했어도 우연히 끼어든 에피소드에 지나지 않는다. 하지만 거기에 아름다움의 참된 힘이 있는지도 모른다. 정돈되고 계획된 반복적인 일상을 살아가는 우리에게 절실히 필요한 것은 바로 그런 에피소드이니까 말이다.

그 에피소드의 내용, 그러니까 마르크가 생퇴스타슈 성당에서 느낀 미적 쾌락을 다시 한 번 자세히 들여다보자. 방금 전 우리는 그것을 '승화'라는 개념으로 이해했다. 하지만 다르게 생각해볼 수도 있다. 마르크는 성당에서 마치 어떤 위기를 예고하는 듯한 장엄한 오르간 소리, 처음부터 끝까지 환희와 활기로 가득 찬 합창 소리, 예리하고 집요하게 심금을 울리는 바이올린 소리, 이 세 가지 소리를 함께 들었다. 마치 세 목소리가 서로 대화하면서 그에게도 무언가를 말하는 것만 같았다. 음악이 우리에게 복합적인 감동을 주는 이유는 바로 이것이다. 그래서 마르크도 이번만은 완전히 깨어난 듯한 느낌, 완전히 현존하는 느낌이 들었을 것이다. 오르간은 그의 마음속 비장하고 장엄한 부분에 말을 걸고, 성가대의 합창은 유쾌하고 역동적인 부분에 말을 걸고, 바이올린은 감상적이고 애절한 부분에 말을 걸었을 것이다. 음악이 여느 예술보다 더 깊은 감동을 주는 것은 바로 음악의 다성성이 우리 존재의 상이한 차원들을 동시에 일깨울 수 있기 때문이다. 이를테면 비극적인 면과 발랄한 면, 관능적인 면과 지적인 면, 전투적인 면과 수동적인 면, 의식과 무의식 등을 말이다. 그렇게 우리 내면의 언어를 정확히 구사하는 음악에는 우리 존재의 다양한 측면에 내밀하게 호소하는 다양한 차원이 존재한다.[2] 그리고 바로 그 점이 여느 예술보다 우월한 음악의 힘일지도 모른다. 모차르트의 협주곡에든 롤링스톤

----

2. 물론 회화도 다의적일 수 있지만, 회화에서는 음악의 고유한 리듬이 발휘하는 것과 같은 마법을 찾아보기 어렵다. 오직 리듬에만 상반된 것들을 모두 함께 춤추게 하고, 하나의 움직임으로 통합하는 힘이 있다. 이로써 니체의 『차라투스트라는 이렇게 말했다』에 나오는 "나는 춤추는 신만을 믿을 수 있다."는 유명한 선언의 의미가 선명해진다.

스의 노래에든[3] 합창단이 부르는 어떤 노래든 그림이나 조각에는 없는 이런 다성성(多聲性), 혹은 다성성(多性性)이 있다. 음악을 들을 때가 아니고는 이처럼 존재의 여러 측면을 동시에 경험할 기회는 흔하지 않다.

우리는 이미 칸트와 프로이트에 기대서 미적 쾌락이 우리 내면의 서로 다른 차원 사이의 화해를 가능하게 한다는 견해를 제시한 바 있다. 지금부터는 조금 다른 견해를 피력해보자. 음악의 다성성이 언제나 우리 내면에 있는 여러 차원 사이의 '화해'를 이끌어낼 수는 없어도, 여러 차원이 '한꺼번에' 반응하게 한다. 우리는 음악에 감동할 때 우리 자신과 완벽한 화해를 이루지는 못하더라도 우리의 복합성, 양면성, 더 나아가 모순들을 그대로 간직한 채 온전히 깨어난다. 뤼시의 아들을 예로 들어보자. 그는 롤링스톤스나 오아시스, 스트록스 같은 '고전적인' 로큰롤을 듣는다. 이런 곡들은 대부분 드럼, 베이스기타, 보컬, 두 개의 기타로 구성된다.

이렇게 상상해볼 수 있으리라. 드럼은 소년 안에서 실존과 대결하기를 바라는 패기와 분노에 찬 남자를 일깨우고, 베이스기타의 반복적이고 유연하면서도 호소력 있는 선율은 인간성의 또 다른 차원, 즉 분노를 상대화하고 더 높은 곳에서 사태를 바라보고 그래도 삶은 계속된다는 것을 이해하는 지성에 호소한다. 이처럼 드럼은 소년의 내면에 있는 투사에게, 베이스기타는 거리를 둘 줄 아는 현자에게 말을

---

3. 서로 다른 여러 목소리가 아름답게 들릴 수 있는 것은 그것들이 매번 같은 리듬에 실리기 때문이다.

건다. 보컬 역시 또 다른 인간, 내밀한 속내를 드러내려고 하는 민감한 남자, 비밀을 털어놓겠다고 각오한 상처받은 남자를 일깨운다. 마지막으로 두 개의 기타는 허풍선이에게, 선동가에게, 도박꾼에게, 인생에 맞서고자 하는 소년의 일부에게 로큰롤 특유의 우아함으로 말을 건다. 요컨대 뤼시의 아들 안에는 전사와 현자, 상처 입은 남자와 허풍선이가 공존하는 셈이다.

이제 스트록스의 노래를 한 곡 들을 차례다. 3분 40초. 소년 안에서 이 다양한 부분이 허락되고 동시에 깨어나지만, 그렇다고 모두 하나가 되지는 않는다. 어떤 경험이 우리에게 이런 효과를 낼 수 있을까? 과연 어떤 경험이 우리 존재의 본질적인 모호성을 단순화하지 않고 거기에 호소할 수 있으며, 우리 내면의 복합성을 하나로 환원하지 않고 말을 걸 수 있을까? 누군가를 진심으로 사랑하는 경험? 물론이다. 이것이야 말로 다중적이고 복잡하고 모호하고 수많은 모순을 안고 있는 우리가 온전히 새로운 존재로 태어나는 놀라운 경험이다. 하지만 3분 40초 만에 이런 경험을 하기는 어렵지 않을까? 그러나 음악은 이것을 가능하게 하고, 바로 이것이 음악의 기상천외한 힘이다. 음악은 우리가 멜로디를 음미하고 리듬을 타는 불과 몇 분 사이에 우리 모습 그대로 존재하면서도 전혀 새롭게 태어나는 순간을 선사한다. 마음속 다양한 소리를 듣기 위해 우리에게는 음악의 이런 다성성이 필요하다.

아내와 해변에 있던 마르크를 떠올려보자. 그가 저지른 뜻밖의 실수를, 아내를 껴안고 싶으면서도 뺨을 후려친 그 동작을 살펴보자. 그의 마음속에는 사랑에 빠진 남자와 복수심에 사로잡힌 남자—

두 남자 혹은 두 목소리—가 동시에 존재했으며, 그 밖에 수많은 다른 모습도 공존했을 것이다. 이 해변 사건에서도 알 수 있듯이 그것들이 동시에 표출되기는 어려운 일이다. 그래서 우리의 인생이 삐걱대고, 발을 헛디디고, 마음이 괴롭고, 동작이 불쑥 엇나가는 것이다…. 그래서 마르크는 생퇴스타슈 성당에서 그런 낯설고도 깊은 만족을 느낀 것이다. 음악 덕분에 문득 마음속의 모호함이 더는 그를 짓누르지 않게 됐으니 말이다. 어쩌면 그는 마침내 그 모호함을 좋아하게 되었는지도 모른다. 더 나아가 그것을 받아들이는 법을 배우는 중인지도 모른다.

그래서 뤼시도 미셸 베르제와 다니엘 발라부안의 이중창 「침묵의 순간」을 듣고 갑자기 감동에 사로잡힌다. 이 노래는 미셸 베르제가 거의 혼자 부르고, 다니엘 발라부안은 높고 새된 목소리로 몇 소절만을 함께 부른다. 하지만 뤼시는 발라부안의 목소리가 나올 때마다 온몸의 감각이 활짝 열리고 즐거움이 한층 배가되는 것을 느낀다. 바흐의 「넉 대의 피아노를 위한 협주곡」을 들을 때도 그녀는 이와 비슷한 상태를 경험한다. 피아노마다 제 목소리로 노래하며 서로 대화하는데도, 마치 그녀 인간성의 서로 다른 차원과 그녀 존재의 서로 다른 열망을 일깨우기 위해 저마다 어떤 소리를 내야 하는지를 정확히 알고 있는 것만 같다.

음악의 아름다움이 이와 같은 내면의 다성성에 일종의 시민권을 부여한다고 생각한다면, 프로이트의 승화 개념에서 얼마간 거리를 둘 수 있다. 물론 프로이트도 인간이 우위를 다투는 여러 내면의 목소리에 시달리는 존재라고 생각했다. 이때 목소리들이란 물론 의식적인 자아의 목소리, 이상을 따르라고 명령하는 초자아의 목소리, 그중 가장 강렬한 이드(억압된 충동적 생명력)의 목소리다. 그런데 프로이트는 승화를 '간접적이고, 초자아가 높이 평가하는 방식으로 이드의 충동을 충족하는 상태'로 정의하면서, 미적 쾌락을 이드와 초자아 사이에 이루어진, 거의 기적적인 내적 화해로 규정한다. 그렇다면 뜻밖의 합의에 이른 이드와 초자아가 문득 '한목소리로 말하기' 시작할 테니 그 다성악은 미적 감동의 순간에 중단될 것이 분명하다.

하지만 이 상태를 다르게 볼 수도 있지 않을까? 미적 쾌락이 이드와 초자아의 목소리를 동시에 표출한다고, 심지어 둘 사이의 화해 없이 모순된 채 표출한다고 볼 수도 있지 않을까? 그렇다면 우리는 다중적이고 균열된 상태 그대로 존재하는 것이 허용된 듯한 기분이 들 것이다. 하지만 미적 쾌락을 느낄 때 이 모순이 용인된다는 것이 곧 모순이 해소된다거나 극복된다는 뜻은 아니다. 모순은 거기 그대로 존재하고, 앞으로도 그럴 것이다. 우리에게 기이한 쾌락을 선사하거나 대개는 고통을 주면서….

이때는 미적 쾌락이 내적 생명력을 탈바꿈한다기보다는 그 생명력의 다양한 차원을 동시에 용인한다고 봐야 할 것이다. 결국 우리가 「게르니카」의 아름다움에 매혹되는 현상은 앞서 말한 프로이트의 해석처럼 우리 내면의 억눌린 공격자가 도덕적이고 평화적이고 정신적인 심미가로 둔갑했기 때문이 아니라 우리가 공격적이면서도 평화적이고, 충동적이면서도 정신적인 상태 그대로 존재해도 된다고, 문득 그렇게 허용된 기분을 느끼는 데서 비롯할 것이다. 마르크가 생퇴스타슈 성당에 울려 퍼지는 음악을 들으며 감동한 것은 그가 복수심에 불타는 남자에서 사랑에 빠진 남자로 둔갑했음을 의미하기보다는 여전히 복수심에 불타면서도 여전히 그녀를 사랑하는 자신을 있는 그대로 허락했음을 의미한다. 다시 말하지만 아름다움은 아무것도 해결하지 못한다. 그런데도 아름다움에는 어마어마한 힘이 있다. 우리가 해결할 수 없는 것과 직면하게 하고, 그것을 좋아하게 하는 힘이 있다. 그렇게 아름다움은 해결할 수 없다는 것을 인정하지 못하는 무능에서 우리를 구원한다.

아름다움은 언제나 낯설다. 하지만 이 낯섦이 이제는 다르게 다가온다. 아름다움 덕분에 우리 내면의 다성성이 드디어 발언권을 얻었으니 당연히 낯설다. 우리의 모호성이 마침내 시민권을 얻었으니 낯설다. 여태껏 침묵시키고 축소하고 때로 부정해야 했던 만큼 낯설다. 사회생활에서 우리는 직업상의 역할로 개성을 단순화할 것을 강요당한다. 처음 만나는 자리에서는 으레 "어떤 일 하십니까?"라는 질문을 받게 마련이다. 우리는 언제나 무언가를 명확하게 선택해야 하고, 흑이든 백이든 자기 견해를 분명하게 밝혀야 한다. 심지어 애정생활에서도 종종 자신의 복잡한 속내와 상관없이 언제나 무언가를 결정적으로 약속해야 한다. 하지만 삶은 그처럼 명쾌하지 않고, 우리는 자신에 대해서도 무지하다. 말러의 교향곡이나 라디오헤드의 음악은 우리를 혼란에 몰아넣으면서 그런 사실을 일깨운다. 우리를 감동하게 하는 아름다움은 십중팔구 우리의 무지를 환기한다. 아름다움의 영원한 역설은 "아름다움은 우리가 자신에 대해 얼마나 무지한가를 명백히 보여준다."는 것이다. 때로 우리는 이처럼 아름다움이 우리를 근원적인 어둠으로 인도하기에, 다시 말해 우리의 무지를 일깨우기에, 더욱 절실히 그 명징한 빛과 함께 아름다움을 필요로 한다.

다시 코르시카 만의 풍경을 상상해보자. 신비롭게 반짝이며 끝없이 펼쳐진 바다와 한없이 높은 하늘을 배경으로 뤼시와 남편은 모래에 발을 묻고 해변에 나란히 앉아 있다. 아무 말도 하지 않지만 기분이 흐뭇하다. 두 사람은 그 해변을 즐겨 찾는다. 그리고 다른 어느 곳보다도 여기 있으면 진정으로 '함께' 있다는 느낌이 든다. 그들 눈앞에 펼쳐진 찬란한 풍경은 누가 봐도 명백히 아름답지만, 그 아름다움은 그들이 별로 아는 것이 없다고 속삭인다. 그들은 이 아름다움이 무슨 소용인지 어디서 오는지도 모르고, 신이 정말로 존재하는지도, 이 풍경이 왜 이토록 아름다운지도 모른다. 그토록 자명하면서도 그토록 모호한 아름다움은 참으로 이상하다. 종교적인 그림들이 대부분 이런 식으로 우리에게 감동을 준다. 루 리드의 「퍼펙트 데이(Perfect Day)」나 비틀스의 「헤이 주드(Hey Jude)」 같은 곡의 명징한 가사와 단순한 멜로디도 문득 우리 안의 심연을 엿보게 하고 우리에게 깊은 내면적 동요를 일으킨다. 심지어 아주 '분명하고' 아주 '단순한' 아름다움도 우리 자신의 모호함과 복합성을 드러낸다. 그리고 바로 그것이 아름다움이 우리 삶에 지극히 유익한 이유다. 하지만 요즘은 인생을 코치한다는 강사들이나 자기계발서의 '자기 자신이 되라'거나 '자기 정체성을 확고히 하라'는 명령이 판치는 세상 아닌가?

그런데 만약 내가 동시에 여러 인격으로 존재한다면, '자아'란 과연 무엇일까? 만약 내가 아름다움 덕분에 나의 숨겨진 다성성에 눈뜨게 된다면, 그래서 그 다성성을 마음껏 드러내라고 스스로 허락한다면, '자아'라는 것이 남아 있기는 할까? 과연 평생을 '자아와 동일한' 상태로 남아 있는 사람이 있을까? 이처럼 우리가 '자아'나 '정체성'이라는 환영에서 벗어나게 하는 것, 정체성에 얽매여 위축되지 않게 하는 것이 아름다움의 가치다. 그저 미적 감동에 빠지기만 해도 '자아'는 여기저기 금이 가기 시작한다. 음악에 흠뻑 빠지기만 해도 자아가 얼마나 중층적인지 느낄 수 있다. 아니, 코르시카 만을 가만히 바라보기만 해도 그런 문제들에 초연할 수 있다.

이제 우리는 이런 멋진 명제를 찾아냈다. "미적 감동은 나에게 나 자신으로 돌아가게 하는 동시에 나 자신에서 벗어나게 한다." 이 명제를 조금 더 꼼꼼히 들여다보자. 나 자신으로 돌아간다는 것은 곧 자신이 여럿임을 경험한다는 것이다. 나 자신에서 벗어난다는 것은 그 아름다움을 공유하고 싶은 욕망을 느끼고, 나의 '정체성'에서 벗어난다는 것이다. 만약 그 감동이 오직 나 한 사람에게 국한된 것이라면, 아무것도 공유할 수 없을 것이다. 나는 아름다움 앞에서, 은밀히 공유하고 싶은 이 아름다움 앞에서, 모든 사람의 시선을 사로잡을 것 같은 이 빛 속에서, 나의 정체성 따위는 아무것도 아니라는 사실을 똑똑히 느낀다. 나를 넘어서는 중요한 무언가가 존재한다는 것을 확실히 느낀다.

작업 중인 잭슨 폴록

    칸트, 헤겔에 이어 프로이트의 도움을 받아 우리는 아름다움의 수수께끼에서 무언가를 포착하려고 노력했다. 하지만 여전히 숱한 질문이 대답 없이 남아 있다···. 왜 유독 어떤 형태, 어떤 색채, 어떤 멜로디는 다른 것들보다 훨씬 더 강렬하게 우리 마음을 흔들어놓을까? 거의 비슷한 것들은 아무 느낌도 주지 않는 이유가 대체 뭘까? 왜 그토록 수많은 사람이 제임스 딘이나 말런 브랜도, 루이즈 브룩스나 케이트 모스의 얼굴에서 눈을 떼지 못할까? 잭슨 폴록의 드리핑 작품, 반 고흐의 「별이 빛나는 밤」, 부조 작품에 새겨진 늑대의 아가리가 우리의 마음을 그토록 사로잡는 이유는 뭘까?

빈센트 반 고흐, **별이 빛나는 밤**

우리는 칸트를 통해 아름다운 대상 앞에서 느끼는 자유에 대해 생각해보았고, 헤겔을 통해 이념적인 의미를 전달하는 아름다움의 능력을 이해했으며, 프로이트를 통해 아름다움으로 촉발된 리비도의 활동이 얼마나 강렬한지 가늠해보았다. 하지만 아직 아름다움의 이야기는 끝나지 않았다. 가장 흥미진진한 결말이 기다리고 있다.

아름다움은 그 자체로 이 세상에 이해할 수 없는 것들이 존재한다는 사실을 일깨워준다. 하지만 우리는 '이해할 수 없는 것이 있다'는 사실을 용납하지 못한다. 예를 들어 이유도 모르는 채 사랑하는 사람을 떠나보내야 할 때, 깊은 병이 들어 세상을 떠나야 할 때, 우리는 참을 수 없는 고통을 겪는다. 그러나 미적 체험을 할 때 우리는 이해할 수 없던 것을 받아들이고 심지어 사랑하는 법을 배운다. 이런 지혜야말로 우리에게 정말 필요한 것 아닌가?

4장
신비를 영접하다

신비는 종종 우리를 겁에 질리게 한다.

우리가 이해하지 못하는 대상을 두려워하기 때문이다.

아름다움은 우리에게 신비를 행복하게 경험할 기회를 준다.

어쩌면 아름다움의 가장 큰 미덕은 우리에게 이해할 수 없는 것을

사랑하는 법을 가르쳐준다는 것이다.

나는 노르망디에 있는 작은 호텔 방에서 이 책의 중요한 대목을 썼다. 절벽 끝에 위태롭게 서 있는 호텔이었다. 거의 늘 비가 쏟아졌지만, 이따금씩 해가 솟아나 순식간에 하늘이 맑게 개었다. 노르망디의 하늘은 그렇게 마술을 부린다. 잿빛 구름을 뚫고 불쑥 새파란 하늘이 나타나는가 하면, 느닷없이 까닭 모를 안개비가 뿌린다. 나는 하루 한 번, 되도록 해가 나올 때 바다에서 수영하려고 했다. 그날은 어두운 하늘에서 비가 제법 거세게 내렸고, 좀처럼 날이 갤 조짐이 보이지 않았기에 나는 테라스를 어슬렁거리며 비가 쏟아지는 성난 바다를 내려다보고 있었다. 그때 호텔 안마당에서 내 모습을 올려다본 여주인이 서슴없이 말했다. "어서 나가보세요!" 그리고 이런 묘한 말을 덧붙였다. "여기는 하루에 딱 한 번 볕이 난다고요!" 나는 그녀의 충고대로 방으로 들어가 수영복을 입고 물안경을 목에 걸고 밖으로 나왔다. 해변으로 가려면 두 절벽 사이로 난 좁은 길로 내려가야 했다. 빗줄기는 더욱 거세졌다. 모래밭으로 내려왔을 때 나는 온몸이 흠뻑 젖어 있었다. 돌아갈까? 하지만 돌아가기에는 너무 멀리 와버렸다. 나는 셔츠를 벗어 바위에 널어놓고 바다로 향했다. 마침 썰물이 빠지고 있어서, 바다에 몸을 담그려면 빗속을 한참 걸어가야 했다. 축축한 모래밭을 걷다 보니 얼음처럼 찬 바닷물에 발목이 잠기기 시작했다. 바람이 거세지면서 몸에 한기가 느껴졌다. 과연 물놀이를 할 수 있을지 의심스러웠지만, 나는 이곳에 있는 것이 무척 행복했다. 철 지난 바다에서 그 높은 백악질 절벽에 둘러싸여 나 홀로 있다는 사실이 짜릿할 만큼 행복했⋯. 시시각각 어두워지던 하늘은 급기야 군데군데 시커멓게 변했고, 내리꽂히는 빗줄기에 어깨가 따가웠다. 나는 지금 내가 하고 있는 일에 대해, 칸트, 헤겔, 프로이트에 대해, 그리고 책을 쓴다는 이 별난 활동에 대해, 마치 속세를 떠난 듯이 글이나 쓰고 해수욕이나 즐기는 이 행복한 생활에 대해 생각했다. 결국 나는 물안경을 단단히 쓰고, 쏟아지는 비와 칼바람을 피해 물속으로 들어갔다. 바다 속이 오히려 따뜻했고, 나를 보호해준 것도 다름 아닌 바다였다. 나는 한동안 헤엄쳤다. 휘몰아치는 폭풍우나 숨어버린 태양도 개의치 않고, 아무 생각 없이 오로지 수영 동작의 리듬에 온전히 몸을 맡긴 채 내 숨소리에만 집중했다. 그러자 아무렇지도 않았다. 더는 한기도 느껴지지 않았다. 나는 쉴 새 없이 팔다리를 움직이고 또 움직였다. 반복적으로 고개를 숙였다가 수면 위로 내밀었고, 숨을 들이마시고 내쉬었다. 이 단순한 리듬이 나를 진정으로 기쁘게 했고 더 바랄 것이 없었다. 나는 해변에서 꽤 멀리 떨어진 곳까지 갔다가 방향을 돌렸다. 얼마 뒤에 발끝에 모래가 닿는 것이 느껴졌다. 물안경을 끼고도 계속 눈을 감은 채 헤엄친 모양이었다. 내가 물안경을 벗고 일어섰을 때 갑자기 우박이 와르르 쏟아지면서 어깨와 머리를 사정없이 후려쳤다. 바로 그때 어디선가 놀랄 만큼 환한 햇빛 한 줄기가 스며들었다. 나는 절벽을 정면으로 마주 보았다. 주위는 여전히 어둠에 잠겨 있었지만 절벽은 투명하고 환한 햇빛을 받아 눈부시게 빛나고 있었다. 마치 갑작스러운 탄생이나 기적을 목격한 것만 같은 초현실적인 기분이 들었다. 절벽은 어둠 속에서 유일하게 태양의 부름을 받은 존재 같았다. 나는 나도 모르게 하늘을 향해 두 팔을 높이 쳐들었다. 그 순간, 이 책의 결말이 떠올랐다. 좀처럼 뚜렷하게 드러나지 않았지만, 사실은 다른 생각들이 일제히 가리키고 있던 그 생각, 이미 거기 있었지만 나의 정신이 밀어냈던 그 생각이 확연히 나타났다. 그것은 바로 '신비를 끌어안기 위해 아름다움이 필요하다'는 것이다.

신비는 종종 우리를 겁에 질리게 한다. 우리가 이해하지 못하는 대상을 두려워하기 때문이다. 아름다움은 우리에게 신비를 행복하게 경험할 기회를 준다. 어쩌면 아름다움의 가장 큰 미덕은 우리에게 이해할 수 없는 것을 사랑하는 법을 가르쳐준다는 것이다.

이해할 수 없어서 괴로운 것은 너무도 많다. 타인의 부정적인 평가, 실패의 원인, 우리가 사랑하는 사람의 무관심, 똑같은 실수를 반복히는 이유, 매일 사용하던 기계의 갑작스러운 오작동…. 어쩌면 사네의 원인을 찾는 것은 우리의 본성이고, 모든 것을 설명하지는 못해도 이해하고 싶어 하는 것이 오늘날 시대정신인지도 모르겠다. 요즘 강세를 보이는 인지주의 이념도 마찬가지다. 신경과학의 발전을 토대로 한 이 이념은 인간의 정신현상을 일련의 신경 화학적 과정으로 해석한다. 심리치료 분야에서 주류를 이루는 행동주의 심리학도 인간이 느끼는 고통을 몇 가지 유형으로 분류해서 설명하고 해결하려고 한다. 수 세기에 걸쳐 이성과 과학기술 발전의 영향을 받은 역사의 흐름에서 비롯한 이런 이념은 모든 것이 설명될 수 있다는 생각, 설령 지금 알 수 없더라도 언젠가는 설명되리라는 생각을 담고 있다. 하지만 이성과 과학기술의 발전이 낳은 이런 부작용에 주의해야 한다. 이해하고 싶은 욕구는 인간을 성장시키지만, 모든 것을 설명하고 싶어 하는 강박적인 욕구는 인간을 후퇴시키고 더 나아가 행복을 가로막을 소지가 있다. 왜냐면 이 세상에는 당연히 인간이 아는 것보다 모르는 것이 훨씬 더 많고, 모든 것을 설명할 수 있다는 믿음은 인간의 오만한 미망에 불과하기 때문이다. 인간 정신의 핵심에는, 그리고 실재하는 인간과 세계에는 끝까지 설명에 저항하는 무언가가 존재한다. 어찌 보면 그것은 정신분석학이 존재하는 이유이기도 하다. 왜냐면 정신분석학은 인간이 이 세상 모든 것을 설명할 수 없다는 사실을 이해하도록 도와주기 때문이다. 그 사실을 받아들이고 제대로 이해하기까지는 오랜 세월이 걸리기도 한다. 하지만 아름다움은 단숨에, 우리가 미적 감동을 느끼는 찰나에 일깨워준다. 즉 세상에는 이해할 수 없는 것이 있고, 심지어 우리는 그것을 사랑할 수도 있다는 사실을 말이다. 이처럼 아름다움에는 모든 것을 설명하겠다는 집착과 정복하겠다는 강박에서 우리가 벗어나게 하는 힘이 있다.

이 책에 대해, 아름다움에 대해, 내 개인적 삶에 대해 고심하던 나에게 태양의 선택을 받은 듯 찬란하게 빛나던 그 절벽이 대단한 계시를 내려준 것은 아니었다. 어둠 속에서 초자연적인 광휘를 내뿜는 백악 덩어리가 나타나자 내 뇌리에 다음과 같은 명백한 사실이 떠올랐다. "아름다움은 설명할 수 없기에 우리를 고양하고, 우리는 이해할 수 없는 것과 관계를 맺을 때 비로소 성장할 수 있다." 유독 햇빛이 환히 비추던 그 절벽을 보며 나는 무엇을 이해해야 했던 것일까? 아니, 이해할 것은 아무것도 없었다. 다만 그것은 내게 힘과 희망을 주었고, 상상력에 활력을 불어넣었다. 마치 미셸 베르제가 노래를 채 시작하기도 전에 피아노 전주 한 소절로 뤼시에게 미래에 대한 확신을 심어주었던 것처럼. 이런 일은 왜 벌어지는 것일까?

17세기의 시인 안젤루스 실레지우스는 "장미에는 이유가 없다."는 말로 이 질문에 대답한다. 장미 한 송이의 아름다움에서 우리는 무엇을 이해해야 할까? 모나리자의 미소에서는 무엇을 이해해야 할까? 이해할 것은 아무것도 없다. 아니, 우리가 이해해야 할 것이 있다면, 우리가 무엇을 얼마나 이해하든 아름다움의 수수께끼는 사라지지 않으리라는 사실뿐이다. 어떤 사람은 장미가 운명적인 힘에 이끌려 하늘을 향해 자란다고 말하고, 또 어떤 사람은 장미 봉오리가 여러 겹의 꽃잎으로 벌어지는 방식이 생명력의 가차 없는 힘을 상징한다고 믿고, 또 어떤 사람은 자기 안으로 겹겹이 접혀 들어가 있으면서도 바깥

레오나르도 다빈치, 모나리자

을 향해 열려 있는 장미 꽃잎들의 유일무이한 형태, 단정하면서도 세심한 초대를 연상케 하는 형태 덕분에 장미가 다른 꽃들보다 우월하다고 말할 것이다. 사람들은 저마다 원하는 대로 한마디씩 할 것이다. 그런다고 무엇이 달라지겠는가? 아름다움의 수수께끼는 여전히 풀리지 않은 채 남아 있을 것이다. 어떤 사람은 모나리자의 미소를 보고 임신한 여성의 미소라고, 또 어떤 사람은 레오나르도 다빈치가 남몰래 반한 젊은 남자의 미소라고, 또 어떤 사람은 그 둘을 섞은 것이라고 말한다. 그런다고 무엇이 달라지겠는가? 수수께끼는 여전히 수수께끼로 남아 있고, 아름다움은 사라지지 않는다. 어쩌면 장미꽃이 아름다운 데는 어떤 이유가 있을지도 모른다. 하지만 그 아름다움이 이유를 넘어서는 것임은 틀림없다. 우리는 미적 경험을 할 때 평상시 우리에게 거부감이나 두려움을 주는 것—알 수 없는 것, 이해할 수 없는 것은 물론이요 우리 자신의 불확실성, 우리 내면의 어둠—을 직면하는 데서 쾌락을 느낀다. 미적 경험을 통해 되도록 제대로 식시함으로써 우리는 그것을 덜 두려워하는 법을 익히고, '현실에서' 그것에 맞서는 데 필요한 힘을 조금이나마 얻는다.

아름다움이 이해할 수 없는 것을 좋아하는 법을, '수수께끼를 환대'하는 법을 우리에게 가르쳐준다고 말하려면 이보다 더 정확한 설명이 필요하다. 다시 말해 이해할 수 없는 것을 좋아하는 것은 이해하지 않는 것을 좋아하는 것과는 거리가 멀다. 차라리 의미는 문제되지 않으며 혹은 더는 문제될 수 없음을 이해하는 것을 좋아하는 것에 가깝다. 아름다움에 관한 한 '무엇을 뜻하는가?'는 그리 좋은 질문이 못 된다. 장미꽃이나 자연풍경 혹은 그림이나 조각상을 바라볼 때, 음악 소리에 마음을 빼앗길 때 이는 아주 명백해진다.

아름다움은 순수한 현존이기에 우리에게 기회의 형태로 나타난다. 한순간이나마 우리 존재를 순수한 현존으로 경험할 기회, 그래서 단순히 존재하는 것만으로도 충분한 기쁨을 느낄 기회가 된다. 아름다움 앞에서는 어떤 질문도 좋은 질문이 될 수 없다. 중요한 것은 실재에 대해 캐묻는 것이 아니라, 현존의 기회를 만끽하는 것이기 때문이다.

그러면 지금까지 아름다움에 대한 칸트와 헤겔과 프로이트의 설명을 살펴본 것이 무슨 소용이란 말인가? 그들 역시 아름다움에 '질문을 제기'하지 않았던가? 아름다움이 우리를 '해결할' 수 없는 것과 대면하게 하고, 심지어 그것을 사랑하게 한다는 주장을 지탱하려면 사실상 이 책의 총체적인 접근 방식을 짚어볼 필요가 있다. 칸트도, 헤겔도, 프로이트도 아름다움의 수수께끼를 '해결하고' 싶어 하지 않았던가? 그들의 작업에 기댄 탓에 우리도 설명할 수 없는 것에 대한 설명을 시도할 수밖에 없었던 것은 아닐까? 아름다움에 대해 사유하기를 바란 나머지 아름다움을 훼손하는 위험한 시도를 했던 것은 아닐까?

나는 그렇게 생각하지 않는다. 오히려 끝까지 사유하는 노력을 기울여야 한다고 생각한다. 그런 노력의 결실로 마침내 우리는 아름다움의 수수께끼와 마주할 수 있을 것이다. 아름다움의 정수는 우리가 설명할 수 있는 것, 사유를 통해 해결할 수 있는 것에 있지 않다. 차라리 다른 곳에, 설명과 사유를 거친 뒤에도 여전히 해결되지 않고 남아 있는 것에 있다. 하지만 그 '남아 있는 것'에 조금이라도 가까이 다가가려면 사유로 해결할 수 있는 것을 해결하려는 노력의 과정을 반드시 거쳐야 한다. 그러므로 아름다움의 의미를 묻는 것으로 시작하는 것이 결국 아름다움이라는 수수께끼를 음미하는 최선의 방법이다.

이를테면 의미에 주목하는 헤겔의 접근 방식은 우리가 정확하게 그 '남아 있는 것', 즉 의미가 남김없이 담아내지 못하는 아름다움의 차원을 더욱 강렬히 경험하게 하는 역할을 하는지도 모른다. 다시 스핑크스로 돌아가 보자. 확언컨대 스핑크스의 아름다움은 인류의 역사에 대해 사유하게 하고, 문명이 자연에서 벗어나기까지 거친 과정을 환기한다. 이런 해석에서 미에 대한 헤겔의 접근 방식을 따르지 않을 수 없다. 하지만 스핑크스의 아름다움은 그 의미보다 압도적이고, 그 아름다움의 신비는 의미가 모두 담을 수 없는 그 '남아 있는 것'에 깃들어 있는지도 모르겠다. 또한 그것은 '어떻게'의 비밀에 숨어 있을 것이다.

헤겔의 주장대로 형식은 의미를 상징할지도 모른다. 그런데 도대체 어떻게 상징한다는 것일까? 거기에 예술의 마법, 아름다움의 마법이 있다. 수평선에서 끝없이 반짝이는 빛의 아름다움이 신의 존재 혹은 부재를 상징한다고 말할 수 있다. 하지만 그 빛의 아름다움이 어떻게 신을 환기한다고 명확하게 말할 수 있을까? 그 아름다움은 오히려 우리가 이름 부를 수 없는 다른 무언가를 말하고 있는 것은 아닐까? 미셸 베르제의 「침묵의 순간」이 부재를 노래한다는 사실에는 이론의 여지가 없다. 우리는 그 아름다운 노랫말에 귀 기울이고 매료되고 감동해서 소중한 사람의 부재가 의미하는 바를 생각한다. 하지만 상실의 아픔과는 전혀 무관하게 아무 생각 없이 곡의 아름다움을 만끽할 수도 있다. 가사를 모르는 외국인도 그 노래를 듣고 의미와 상관없이, 의미를 '넘어서' 그 아름다움을 느낄 수 있다.

아름다움이 의미에 대한 질문을 낳는다는 사실이 우리가 아름다움을 순수한 현존으로서 감상하는 것을 막지는 못한다. 인간인 우리가 아름다움의 의미를 묻는 것은 당연하다. 어쩌면 그것은 아름다움이 우리에게 들이미는 이 터무니없는 것—바라보는 것 말고는 아무것도 할 수 없는 것—을 우리가 직시하기 위해 반드시 거쳐야 하는 과정인지도 모른다.

코르시카 만의 반짝이는 수평선이 부리는 마법은 뤼시의 뇌리에 신에 대한 질문이 떠오르게 했다. 그녀는 끝없는 수평선을 바라보며 무한을 생각하고, 그 아름다움을 통해 신의 존재를 떠올렸을 것이다. 하지만 아름다움에 대한 질문에는 답이 없다는 사실을 이내 깨달았을 것이다. 그것만으로도 아름다움이 가져다주는 긍정적인 효과라고 할 수 있다. 이어서 충만한 현존의 순간, 수수께끼에 싸인 모습 그대로 아름다움을 받아들이는 순간이 찾아온다. 그녀는 이제 아무것도 묻지 않는다. 단지 황홀해하며 햇빛을 만끽하고 바다를 바라볼 뿐이다. 우리는 많은 말을 하고 난 다음에야 침묵의 진가를 알게 된다. 그리고 충분한 사유를 거친 다음에야 비로소 사유할 수 없는 것과 겨루기를 즐길 수 있다.

'아름다움은 수수께끼'라는 우리의 생각과 '아름다움은 진리의 섬

광'이라는 헤겔의 생각 사이에는 모순이 없다. 실제로 우리는 아름다움이 우리에게 말하는 것을 이해하지는 못하지만, 그것이 진실하다는 것만은 알고 있다. 아름다움은 진리의 섬광, 수수께끼 같은 섬광이다.

　나는 피에르 술라주의 검은 다면 캔버스, 조르조 모란디의 정물화를 바라본다. 모란디의 단조로운 형태와 빛바랜 색조, 항아리와 물병, 현실 세상을 벗어나 우리 눈앞에 놓여 있는 듯한 다양한 사물을 좋아한다. 물론, 이런 유형의 아름다움에는 의미가 있고, 그 그림은 장구한 정물화의 역사적 맥락에 포섭되며, 사물, 물질성, 사물과 인간의 관계와 그 가능성에 대한 성찰을 담고 있다. 하지만 '남아 있는 것', 내가 더는 생각하지 않고 응시하는 순수한 현존, 더 나아가 나 자신도 순수한

조르조 모란디, 병

현존으로 되돌려놓는 그것을 내가 제대로 음미할 수 있는 것은 내가 그 아름다움에 대해 그 모든 것을 이미 '생각했기' 때문인지도 모른다.

자, 여기에 '누구에게나 인생은 한 번뿐이다.'라는 언명을 이해하는 새로운 방법이 있다. 모란디의 정물화를 바라볼 때, 그리고 노르망디의 풍경을 마주할 때 사유와 인식은 우리가 순수하게 현존하는 능력을 더욱 향상시킨다. 다시 말해 아름다움의 순간에 사유의 삶과 몸의 삶은 분리되지 않는다. 아름다움은 충만하고 변화무쌍하고 복잡하며 부분적으로는 나 자신에게도 모호한 나의 삶으로 나를 돌려보낸다.

아름다움에 의미가 있다는 생각이 반드시 아름다움의 수수께끼를 완전히 풀어야 한다는 결론으로 이어지는 것은 아니다. 더구나 칸트의 시도는 '아름다움'이라는 난제를 '해결'하려는 데 있지 않았다. 그는 아름다움과 정직하게 대면하고, 증명할 수 있는 것을 증명하려고 노력했을 뿐이다. 이를테면 자연 풍경의 아름다움에는 인간 내면에 낯설고 비일상적인 조화를 낳는 힘이 있다는 사실을 입증하려고 노력했다. 결국 칸트는 우리의 주관성이 처한 이 '기이한' 상태를 성공적으로 묘사함으로써 아름다움을 비밀에 싸인 채 내버려둔 셈이다. 우리는 그 이상은 아무것도 이해하지 못한 채 여전히 매혹된 상태로 아름다움을 마주하고 있다. 어쩌면 칸트 덕분에 전보다 더 강렬한 매혹을 느낄지도 모른다. 칸트의 경우에서 보듯이, '아름다움이 우리에게 무엇을 불러일으키는가'를 더 잘 이해한다고 해서 '아름다움이 무엇인가'를 더 잘 이해하게 되는 것은 아니다. 헤겔도 칸트와 마찬가지로 아름다움의 수수께끼를 분석으로 풀지 않는다. 오히려 그 반대다.

프로이트의 정신분석을 보면, 분석은 분석에서 달아나는 것을 더 매혹적으로 만드는 결과를 낳았다. 레오나르도 다빈치는「성 안나와 성 모자」를 그리며 자신의 억압된 성 충동을 승화했을지도 모른다. 또 우리 자신도 관조적인 감동을 경험하는 사이에 자신의 성 충동을 승화하는지도 모른다. 요컨대 아름다움은 리비도 추입의 기회인지도 모른다. 모두 다 그럴 법한 이야기이다. 그렇다면 결국 아름다움은 일종의 속임수인 셈이다. 우리가 아름다움이 보여주는 것보다 아름다움이 감추는 것에 매혹된다는 프로이트의 해석은 가히 천재적이다. 하지만 이 해석은 중요한 질문들을 어둠 속에 남겨둔다.

아름다움이 불러일으키는 그 무의식적 쾌락의 속성은 무엇인가? 그것은 결국 죽음과 비슷하지 않을까? 프로이트는 거기서 억압된 충동의 우회적인 만족을 보지만, 그가 말하는 충동이 정확히 무엇인지 파악하기는 쉽지 않다. 니체는 이미 프로이트보다 먼저 '충동'이라는 개념을 제시했지만, 그것이 우리 내면의 포착할 수 없는 생명력을 지칭하는 데 실패한 은유일 뿐이라고 했다. 어쨌거나 우리는 프로이트 덕분에 미적 감동이 피상적이지 않으며 우리 내면 깊숙한 곳에 있는 생명력을 건드린다는 사실을 알았다. 그렇다고 우리가 이 심층의 본질도 명쾌히 알 수 있는 것은 아니다. 우리는 프로이트의 주장에 일리가 있다고 느낀다. 그의 주장대로 아름다움은 우리에게서 무언가를 감추기 위해 다른 무언기를 보여준다. 그런데 아름다움이 우리에게 보여주는 것은 무엇인가? 또 감추는 것은 무엇인가? 의문은 여전히 풀리지 않고 남아 있다.

갑자기 랭보의 「지옥에서 보낸 한 철」의 도입부에 나오는 유명한 시구가 떠오른다. "어느 날 저녁 나는 아름다움을 무릎에 앉혔다. ― 나는 그것이 못마땅하다는 것을 깨달았다― 그래서 욕설을 퍼부었다." 랭보는 무슨 말을 하고 싶은 것일까? 그가 욕을 퍼부은 그 '못마땅한' 아름다움은 어떤 것일까? 너무 쉽게 '설명되는' 아름다움은 아무것도 혼란스럽게 하지 않고 진부하기만 해서 심미가에게 전복적이고 무한한 자유의 장을 열어주지 못한다. 그런 아름다움은 그저 표준에, 좋은 취향이라는 규범에, 즉 하나의 의미에 부합하기 때문에 사회가 '아름답다'고 공인한 아름다움일 뿐이다. 다시 말해, '못마땅한' 아름다움이란 하나의 의미로 환원된 아름다움이다. 랭보는 그 수수께끼 없는 아름다움에 욕설을 퍼붓는다. 만약 칸트와 헤겔, 프로이트의 인용을 단지 아름다움의 본질과 아름다움이 인간 삶에 미치는 효과에 대한 '설명'으로 받아들였다면 우리도 잘못된 길로 들어가 하나의 의미만을 전하는 아름답지 못한 아름다움과 마주하게 되었을 것이다. 하지만 다행히도 그들의 탁월한 해석이 불러온 효과는 수수께끼를 더욱 알 수 없는 수수께끼로 만들었다는 데 있다.

그들의 해석은 저마다 아름다움의 수수께끼를 더 모호한 것으로 만들었는데, 이 세 가지 해석이 유기적으로 결합되면 더욱 모호해진다. 그 해석의 방식들은 선험적 우위 없이 다양한 방법으로 결합될 수 있다. 이를테면 우리는 이렇게 주장할 수 있다. '미적 감동이 밀려올 때, 칸트가 묘사한 내적 평화와 헤겔이 분석한 가치가 프로이트가 말한 무의식적 쾌락을 은폐하는 역할을 한다.'고 말이다. 이와 마찬가지로 우리는 '프로이트가 제시하는 리비도의 승화와 헤겔이 경탄하는 의미에 대한 감각적 접근이 하나의 결과를 낳는다.'고, 그리고 그것이 바로 칸트가 말하는 내적 평화라고 주장할 수도 있을 것이다. 혹은 인간이 의미나 가치와 맺는 관계를 우선시한다면 헤겔의 주장에 따라 '우리가 지각할 수 있는 아름다움의 형태 이면에 있는 의미와 만났기에 내적 평화의 감정, 더 나아가 리비도적 만족을 경험하는 것'이라고 말이다.

우리는 이 세 가지 해석을 대치시킬 수도 있고, 어느 하나를 우위에 둘 수도 있을 것이다. 하지만 그들이 사실은 같은 이야기를 하고 있으며, 같은 '기이함'을 '주체의 내적 조화', '감각의 정신적 차원', '리비도의 승화'라는 서로 다른 이름으로 부르고 있을 뿐이라고 생각할 수도 있다. 세 사람 모두 제각각 자신의 개념으로 아름다움의 그 '기이함'에 접근하지만, 결국 그것은 어떤 개념으로도 포착되지 않는다고 말이다.

「지옥에서 보낸 한 철」 후반부에서 랭보는 도입부에서 던진 말에 스스로 대답하듯이 이렇게 쓴다. "이제 나는 아름다움에 절할 줄 안다." 이것은 시인이 고된 행보와 괴롭고 위험한 모험을 끝낸 뒤에 한 말이다. 이렇게 말하기까지 그는 배워야 했다. '아름다움에게 절할' 줄 알기 위해서 그는 억압하고, 규정하고, 한계 짓는 것으로부터 해방되는 법을 배워야 했다. 내가 노르망디의 빛나는 절벽에서 시선을 거두고 호텔로 돌아갈 때 뇌리에 불쑥 떠오른 것, 내가 그 차가운 물속에서 이해한 것은 다름 아닌 랭보의 이 시구였다. 나를 이 책의 끝까지 인도한 것도 역시 이 시구였다. 아름다움에 절하는 법을 배우는 것은 정의하거나 설명하려는 욕구 없이 아름다움의 신비를 온몸으로 만나는 법을 배우는 것이다. 신비를 영접하는 태도는 관조하는 태도보다 한 수 위다. 영접하는 것은 곧 뛰어드는 것이다.

　이것은 이 책의 도입부에서 언급했던 판단의 개념을 넘어서라는 권유다. 우리가 어떤 것이 아름답다고 '판단'한다는 것은 우리가 그 아름다운 것의 밖에 있음을 뜻한다. 다시 말해 아름다움에 참여하지 않은 것이다. 우리는 아름다움 안에 '머물지' 않는다. 하지만 아주 강렬한 미적 경험을 할 때면 아름다움과 '마주하는' 것이 아니라 아름다움 '안에' 있음을 분명히 느낀다. 이를테면 아름다운 풍경 속으로 들어가고, 바흐의 협주곡에 빠져들고, 드레위에르의 영화 「오데트」의 신비한 빛 속으로 빨려 들어가는 듯한 기분을 느낀다. 그래서 '아름답다'는 말은 미적 경험의 강렬한 흡인력을 표현하기에 부족하다. 프랑수아 줄리앙은 이렇게 말했다. "'아름답다'라는 말은 너무 냉담하지 않은가? 대상과의 거리를 미리 상정하게 하는 표현이 아닌가? 이런 자의적 표현은 세계에 뛰어들어 세계를 발견하는 데 장애가 되지 않을까?" 이미 지적했듯이 미적 감동은 우리에게 판단의 자유를 회복해 준다. 무언가를 '아름다워!'라고 판단하는 주체는 다른 누구도 아닌 우리 자신이다. 그런데 미적 감동은 우리에게 판단하는 방식만이 아니라, 세계 안에 현존하는 방식도 가르쳐준다. 그래서 어떤 음악이든 아름답다면 그것은 우리 인생의 음악이 될 수 있다. 결국, 우리를 매혹하는 아름다움을 객관적으로 관찰하고 관조하는 데 그친다는 것은 불가능한 일이다. 우리는 그것을 직접 체험한다. 그림을 제대로 감상한다는 것은 화면 속으로 들어간다는 것이다. 위대한 영화를 본다는 것은 자신이 스스로 배우가 된다는 것이다. 단순한 방관자로 외부에서 영화의 전개를 눈으로만 따라가기는 불가능하다. 아름다운 풍경을 감상한다는 것은 곧 풍경의 일부가 되는 것이다. 거기에 아름다움의 힘이 있다. 아름다움은 우리가 세계 안에 특별한 방식으로 존재할 수 있음을 일깨워준다.

마르크는 자기 집 거실에서 자크 브렐의 「암스테르담」을 듣고 있다. 하지만 단지 듣기만 하는 것은 아니다. 브렐이 땀을 흘리며 무대에서 노래하는 모습을 상상하면서 자기도 노래하고, 소리치고, 양팔을 휘두르고 있다. 그 노래에 푹 빠진 그는 선원들, 여자들과 어우러져 만취한 채 암스테르담 혹은 함부르크, 어딘가 다른 곳에 가 있다. 하지만 그는 동시에 거실에, 과거 어느 순간보다도 확고하게 바로 이곳에 있다. 아름다움은 이곳이 아닌 다른 곳으로 우리를 데려감으로써, 오히려 우리가 더욱 확고하게 이곳에 존재할 수 있게 해준다. 아름다움은 우리를 이 세계에서 벗어나게 하는 바로 그 순간 우리를 더욱 강렬하고 특별하게 이 세계에 현존하게 한다.

우리가 아름다운 풍경을 감상할 때도 똑같은 상황이 벌어진다. 우리 정신은 미끄러지듯 몽상에 빠져들고, 자유롭게 풍경 속을 산책한다. 이 순간 우리는 진정으로 현존하고 있음을 느끼면서 온전히 이 세계 안에 머문다. 프랑수아 쳉은 자연의 아름다움이 우리 내면에 강렬한 실존의 감정을 불러일으키면서도 "언제나 잃어버린 낙원의 기억을 되살리고, 약속된 낙원을 불러낸다."고 했다. 즉, 우리는 아름다움을 관조하는 동안 약속된 낙원에 있으면서도 동시에 지금 이곳에 더 강렬하게 존재한다. 이처럼 미적 감동은 부재의 경험을 통해 강화되는 현존의 형식이다. 이 '세계 안의 현존-부재'라는 독특한 방식으로 세계에 머물기 위해 우리에게는 아름다움이 필요하다. 이는 오로지 이 세계에 현존할 뿐인 다른 동물들과 구별되는 인간 고유의 특성이자 특권이다.

플라톤은 아름다움을 폄하하지는 않지만 아름다움에 단지 진실의 징후가 있을 뿐이라고 생각한다. 그는 『향연』에서 인간의 아름다움, 즉 완벽한 비율을 갖춘 인체도 하늘 너머에서 영원한 빛을 발하는 지고한 이데아의 상징으로 간주한다. 이처럼 연인의 아름다운 몸을 감상하는 데 몰두한 인간은 이데아의 천공이라는 '다른 곳'으로 눈길을 돌리는 동시에 욕망하는 자신의 현존으로 돌아온다. 더 정확히 말해 사랑하는 육체를 영원한 하늘에 있는 아름다움의 이데아로 가는 통로로 바라볼수록 그는 실제로 지금 여기서 그 육체를 더욱 강렬히 욕망하게 된다. 플라톤의 생각에 영감을 받은 프랑수아 줄리앙은 이런 멋진 글을 남겼다. "아름다움은 이데아의 세계에 있으면서도 오로지 감각 세계에 새겨질 수밖에 없다… [그것]은 시각 세계에서 벗어나라고 호소할수록 가시적인 것을 더 많이 시야로 끌어들인다. 플라톤은 아름다움이 드러내는 이런 모순에서 인간의 조건이라고 부를 만한 것을 포착한다. 아름다움이 가르쳐주듯이 인간은 자기 안에 다른 곳을 품은 존재다. […] 그는 이곳에 속하는 동시에 저곳에 속한다. 아름다움

폴 세잔, 생트 비투아르 산

이 보여주는 저곳의 모습 때문에 그는 이곳에 만족할 수 없다. 이처럼 다른 곳에 살짝 가 닿기만 해도 그는 벌써 소스라친다. […] 나는 세계를 떠날수록 세계에 현존함을 느낀다."

인간으로 존재한다는 것은 저곳에 이끌리는 동시에 이곳에 존재한다는 것을 의미한다. 그러므로 이곳에 제대로 머무르려면 저곳으로 난 창을 반드시 열어놓아야 한다. 아마도 그것이 아름다움의 역할일 것이다. 아름다움은 우리를 부른다. 부름을 받고서야 비로소 자신이 존재한다고 느끼는 우리를, 자신이 속한 작은 세계에 만족할 줄 모르는 우리를 부른다…. 바로 그런 연유로 자크 브렐의 노래가 주는 감동은 마르크를 암스테르담으로 데려가면서도 그의 집 거실에, 그의 삶속에 더욱 확고히 현존하게 한다.

물론 반대로 생각할 수도 있다. 마르크가 다른 곳으로 떠난다면, 문득 암스테르담 항구에 와 있다면 그는 자신의 세계를 떠난 것이고, 따라서 그곳에는 덜 현존하게 되며, 자크 브렐의 세계에 온전히 포섭되었다고 볼 수 있지 않을까? 이는 프랑수아 줄리앙의 그 문장을 반토막만 읽었을 때 생길 수 있는 오해다. "아름다움이 보여주는 저곳의 모습 때문에 그는 이곳에 만족할 수 없다." … 하지만 그 문장은 거기서 끝나지 않고 다음과 같이 이어진다. "이처럼 다른 곳에 살짝 가 닿기만 해도 그는 벌써 소스라친다." 그는 다른 곳에 대한 매혹을 받아들이게 하는 아름다움 덕분에 지금 여기서 소스라친다. 자크 브렐이 나른 곳을 노래하며 암스테르담으로 불러낼 때 마르크가 지금 여기에서 소스라치는 것처럼 말이다. 우리는 바로 이런 방식으로, 그러니까 '자기 안에 다른 곳을 품은' 불안한 동물처럼 세계에 현존한다. 그러므로 아름다움이 우리에게 '다른 곳'을 엿볼 기회를 줄 때만 우리는 제대로 현존할 수 있다. 그래서 프랑수아 줄리앙은 이렇게 결론짓는다. "나는 세계를 떠날수록 세계에 현존함을 느낀다."

더 나아가, 우리가 미적 감동에 휩싸여 일상 세계를 떠나 예술가의 세계로 들어갔다고 느낀다면 결국 하나의 세계만이 존재하는 것이다. 만약 우리가 진정으로 '세계에 현존하기'를 바란다면 우리를 둘러싼 갑갑한 환경에서 벗어나 브렐과 암스테르담에, 부바와 마이애미에, 호크니와 할리우드에, 세잔과 프로방스에, 카뮈와 알제에, 주네와 브레스트에 있어야 할 것이다. 객관적 세계란 존재하지 않는다. 오직 지각된 세계들만이 있을 뿐이다. 이른바 '세계'를 구성하는 것은 바로 이 모든 지각된 세계의 중첩이다. 아름다움을 통해 새롭게 지각한 세계로 들어가는 것은 그 자체로 우리 삶을 풍요롭게 하고, 우리 감각을 반사작용과 습관에서 해방시켜 활짝 열어젖힌다. 우리가 '세계'와 만나고 '세계'에 살기를 기대할 수 있는 유일한 방법은 되도록 자주 여러 세계를 지각하는 것이다. 미적 감동은 이번에도 우리를 더 온전히 존재하게 하는 위력을 발휘한다. 하지만 전혀 새로운 의미에서, 즉 우리가 아름다움을 경험할 때마다 새로운 세계상과 직면하게 되는 만큼 디 확장된 세계에 존재하게 된다는 의미에서 말이다. 나시 말해 우리는 아름다움을 경험함으로써 단순히 주어진 환경이 아니라, 본래적 의미의 세계에 존재하게 된다. 설마 환경이 곧 '세계'는 아닐 테니 말이다. 결국, 세계는 우리 각자가 바라보는 세계상들과 예술가들이 이루어놓은 그 모든 주관적인 세계상들의 총합일 것이다.

마지막으로, "나는 세계를 떠날수록 세계에 현존함을 느낀다."는 프랑수아 줄리앙의 주장을 이해하려면 '복귀'의 순간, 이 미적 감동이라는 여정이 끝나는 순간을 살펴봐야 한다. 우리는 아름다운 영화를 보았을 때 그 극장을, 그곳을 나왔을 때 마주친 거리의 분위기를, 그날의 날씨를, 친구와 나눈 이야기를 아주 선명히 기억한다. 왜 그럴까? 아마도 미적 감동이 우리를 강렬한 실존에 진입시키고, 우리의 지각능력을 더욱 예민하게 해서, 결과적으로 우리가 아름다움을 만남으로써 더욱 생생히 살아 있게 되고, 순간적인 미적 쾌락이 사라진 뒤에도 깨어 있는 상태가 지속되기 때문일 것이다.

그렇다면 프랑수아 줄리앙의 마지막 문장을 조금 더 길게 늘려보자. "나는 세계를 떠날수록 세계에 현존함을 느끼고… 내 자아가 더 확대되고, 각성되고, 세계에 제대로 존재하지 못하는 무능력에서 벗어난 상태로 세계에 돌아온다." 즉 세계에 부재했기에 비로소 새로운 현존이 가능해졌다는 것이다. 세계 안에서 우리의 현존-부재는 두 계기―관조적 부재와 그 후의 강화된 실존―로 이루어진다고 말할 수 있다. 아름다운 소설을 느릿느릿 읽은 뒤 책을 내려놓았을 때도 이와 유사한 현상이 벌어진다. 얼마간 이곳에 부재하고 여전히 소설 속에 머무는 이 순간에 우리는 주위를 비상한 눈으로 둘러본다. 바로 그때 우리는 방의 배치, 가까운 이의 태도, 창문 너머로 보이는 나뭇잎에서 전에는 좀처럼 보이지 않던 낯설고 명료한 무언가를 목격한다. 만약 프랑수아 줄리앙이 멋지게 쓴 것처럼 우리가 '자기 안에 다른 곳을 품은 존재'라면 우리는 놀라지 말고 받아들여야 할 것이다. 인간에게 순수하고 충만한 현존이란 불가능하며, 우리는 세계에 더 강렬히 현존하기 위해 그 약간의 부재, '다른 곳'의 유혹이 필요하다는 것을.

아름다움과 존재의 강렬함 사이에는 놀랍게도 글로 쓰인 적이 거의 없는 독특한 상관관계가 있다. 미적 쾌락이 우리 각자를 더 강렬히 존재하게 한다는 사실은 이미 지적했다. 하지만 또 다른 문제가 남아 있다. 세계가 더 강렬히 존재하기 위해서도 아름다움이 필요하지 않을까? 앞서 우리는 갑자기 햇살이 환해지자 지루하던 바다 풍경이 터키옥 빛으로 찬란히 빛나는 아름다운 풍경으로 바뀌는 현상을 이야기한 바 있다. 그럴 때 세계도 더욱 힘차게 '존재'하기 시작하는 것 같지 않은가? 그렇게 찬란히 빛나는 동안 세계는 더 강렬하게 실재하지 않을까? 더 나아가 나는 이렇게 묻고 싶다. 아름다움은 세계를 더욱 불가사의하고 기이하게 만드는 동시에 세계의 존재 자체를 강화하지 않을까? 그렇다면 우리는 다음과 같은 형이상학적인 명제를 도출할 수 있을 것이다. "세계는 아름다울수록 더 신비롭고 더 '존재'한다." 서기 3세기에 플로티노스는 이런 묘한 말을 남겼다. "아름다움을 잃는 것은 존재하기를 잊는 것이기도 하다."

물론 이런 형이상학적인 접근은 이 책의 주제에서 벗어난다. 우리의 관심사는 아름다움이 우리 존재에 끼치는 영향과 아름다움에 대한 우리의 욕구일 뿐, 아름다움에 대한 세계 자체의 욕구가 아니다. 하지만 이 두 가지는 연결되어 있다. 갑자기 새로운 '존재의 강렬함'이 장

악한 풍경을 감상할 때 덩달아 우리 안에도 그와 비슷한 강렬함이 차오르지 않던가? 사실 그 순간이야말로 우리가 '세계에 존재한다'고 말할 만하지 않던가? 순식간에 풍광을 변화시키는 한 줄기 햇빛의 위력에 감탄할 때 우리도 내적으로 변화할 수 있다는 희망이 솟아나지 않던가?

그뿐 아니라 자연에 잠재하는 창조성을 표출하며 자연풍경에서 피어나는 아름다움이야말로 예술가들에게 영원한 영감의 원천이 되지 않던가? 그것이 바로 '자연을 모방하는 예술가'라는 진부한 관념을 아리스토텔레스가 이해하는 방식이다. 아리스토텔레스에게 자연을 모방하는 것은 자연에서 본 것을 단순히 복제하는 것과는 거리가 멀다. 그런 복제는 흥미롭지도 않거니와 단순한 기교에 불과하다. 자연의 모방이란 자연이 창조성을 발휘하는 방식, 즉 자연이 놀라운 아름다움을 드러내면서 새로운 생명력으로 약동하는 방식을 모방하는 것이다. 다시 말해 본성상 모방이 불가능한 것, 즉 자연의 창조성이라는 불가사의를 모방하는 것이다. 이는 예술, 더 나아가 삶에 대한 멋진 정의가 아닐 수 없다.

우리가 자연의 아름다움에 감탄할 때 주목하는 것은 자연의 창조적인 힘이다. 반면에 인간의 작품에 감탄할 때 주목하는 것은 예술가들이 자기 작품을 자연의 창조력에서 착안하는 방식이다. 어떻든 우리가 생명이라는 수수께끼, 이 순수한 창조력에 다가가기 위해서는 아름다움이 필요하다. 왜냐하면 생명이 아름다움을 통해 자신을 재창조하는 방식을 보면 우리도 자신을 재창조할 수 있다는 믿음이 마음에 벅차오르기 때문이다.

플로티노스처럼 '아름다움은 존재를 강화한다.'고 단언하는 것은 결국 아름다움과 죽음의 관계를 살펴보는 계기가 될 수 있다. 수많은 시인이 아름다움과 죽음의 인접성에 대해 사유했고, 아름다움 속에서, 그 낯설기 그지없는 고요 속에서 죽음의 비밀이 신비롭게 펼쳐지는 듯한 현상을 목도했다. 일례로 빅토르 위고는 이렇게 썼다.

죽음과 아름다움은 두 가지 심오한 것
그토록 깊은 어둠과 그토록 푸른 하늘빛을 간직하니,
가혹한 만큼이나 아이도 잘 낳는 두 자매 같네,
똑같은 수수께끼와 똑같은 비밀을 품은….

아름다움이 죽음에 대해 숙고하게 한다고, 혹은 미적 쾌락이 죽음의 무언가를 예감하게 한다고 말하는 것은 이 책에서 지금까지 우리가 주장한 것과는 얼핏 모순된 것처럼 보인다. 우리는 미적 쾌락을, 죽음의 얼굴을 바라보는 방식이라기보다는 생명의 움직임 자체를 포용하라는 권유로 제시해왔으니 말이다. 하지만 프로이트의 주장대로 미적 쾌락이 이드와 초자아의 대립이 일시적으로 종료되는 현상과 관련 있다면, 실제로 우리에게 죽음—우리 안에서 모든 갈등이 최종적으로 종료되는 순간—이 과연 어떤 것인지 얼핏 엿보게 해줄 수 있을 것이다. 그리고 죽음이라는 그 최후의 평온에 대한 예감으로서 미적 쾌락이 우리에게 베푸는 평온이 있을 것이다. 그렇다면 결국 미적 쾌락은 우리 실존이 강렬해지는 계기인 동시에 죽음을 미리 맛보는 경험이라고 할 수 있다.

하지만 아름다움은 그와는 완전히 다른 방식으로도 죽음에 대해 말한다. 존재를 세계로 채우고, 우리 존재를 새로운 강렬함으로 채우면서, 아름다움은 우리에게 죽음에 맞설 힘을, 아니면 적어도 동요하지 않고 죽음에 대해 생각할 힘을 준다. 코르시카 만의 아름다운 풍경을 다시 예로 들어보자. 일상적인 저녁 풍경이 펼쳐지기 직전, 사그라지는 햇살은 한순간 더욱 찬란히 빛나는 것 같다. 뤼시는 그 풍경이 자신에게 불러일으킨 감정이 덧없으며, 그 찬란함도 잠시 머물다 사라진다는 것을 잘 알고 있다. 그녀는 곧 해가 저물고, 그 아름다움—그 순간의 아름다움과 그 빛의 아름다움—도 이내 '끝나리라는 것'을 알고 있다. 하지만 그렇다고 괴로워하지는 않는다. 지금 바라보는 이 아름다움처럼 모든 아름다움이 순간적이라는 사실을 인정하기 때문이다. 아름다움은 우리에게 모든 것에 끝이 있다는 사실을 직면할 힘을 주는 것 같다. 결국 미적 경험을 통해 우리는 평상시에 외면하고 싶어하던 것에 마침내 다가가게 된다.

소중한 것의 최후를 상상하기는 늘 괴롭다. 사랑이 끝난다면? 우리의 인생이, 우리 아이들의 인생이 끝난다면? 그런데 어찌된 영문인지 아름다움에 감동할 때만큼은 덧없이 끝날 무언가를 바라보면서 기쁨을 느낀다. 어쩌면 우리는 미적 쾌락을 통해 소중한 것이 지금 이 순간 우리 곁에 있음을 기뻐하는 법을 배우고, 그것이 우연히 찾아와 우리 곁에 존재하고 있음을 깨달아가는 중인지도 모른다. 아마도 그런 깨달음은 소중한 것을 잃는 괴로움을 극복하는 데에도 도움이 될 것이다.

앞서 말했듯이 미적 쾌락을 느낄 때 우리는 '더는 바랄 것이 없는' 충족감을 느낀다. 그리고 그 상태가 영원히 지속되기를 바라지 않는다. 바다는 찬란히 반짝이고, 빛이 모든 소리를 집어삼킨 듯하다. 갈매기들마저 소리 없이 날아간다. 이 아름다움이, 이 순간이 존재한다는 것만도 이미 엄청난 일이다! 바로 이것을, 아름다움이 우리에게 가르쳐주는 것이다. 비록 끝났다고 해도 그것이 존재했다는 사실에는 변함이 없다. 한번 일어난 일은 '영원히' 일어난 것이다. 미적 감동은 이런 생각을 일반화해서 받아들이게 해준다. 죽음은 무언가가 존재했다는 사실을 지울 수 없다. 그리고 존재했던 것은 존재하지 않을 수도 있었다. 그러니 지금 존재하는 것들에 감사하고, 만끽해야 한다. 하지만 '존재했던 것'이 어느 해변의 아름다운 저녁 햇살이 아니라 나의 실존이나 내가 사랑하는 것들이며 그것이 너무도 일찍이 사라져야 한다면, 이런 추론을 순순히 받아들이기는 어렵다. 하지만 그것이 에피쿠로스가 말하는 행복의 비결이다. 지금 존재하는 것이 존재하지 않을 수도 있었다는 사실을 마음에 새기고, 그것을 만끽하는 법을 배우는 것은 아름다움이 우리에게 일깨워주는 교훈이기도 하다. 모든 아름다움은 애초에 존재하지 않을 수도 있었다. 햇살이 모습을 드러내지 않을 수도 있었고, 화가가 그림을 어설프게 그릴 수도 있었고, 우리가 아예 보시도 못하고 지나칠 수도 있었다.

아름다움은 죽음에 도전한다. 마치 정면으로 응시하며 죽음에게 이렇게 말하는 것 같다. "너는 언제라도 내게 닥쳐올 수 있지만, 내가 존재했다는 사실을 결코 지울 수 없을 것이다. 적어도 그것만은 사라지지 않을 것이다." 아름다움은 우리에게 황홀경에 빠진 사람의 비결을 알려준다. 즉, 황홀 자체를 무기로 죽음에 맞설 힘을 준다.

코르시카 만 해변에서 뤼시와 그녀의 남편은 바로 그것을 느꼈다. 앞날이 어찌 되든 적어도 두 사람이 사랑했다는 사실만은 사라지지 않을 것이다. 그들은 앞으로 어떻게 될지 아무것도 확신하지 못한다. 하지만 이제 그런 것에 연연하지 않는다. 그 순간 그곳에서 그들은 서로 사랑한다는 사실에 행복할 뿐 그 사랑이 앞으로 어떻게 될지 개의치 않는다. 그러니 더는 묻지 말자. 아마도 사랑은 시들겠지만, 무엇도 그 사랑을 아예 없었던 것으로 만들 수는 없다. 그 사랑이 존재했다는 사실만은 영원히 변하지 않을 것이다.

여기서 다시 플라톤의 견해를 살펴보자. 플라톤은 『향연』에서 아름다움이 본질적인 것, 선의 이데아를 모범으로 제시하고 가르친다고 말했다. 다시 말해 플라톤에게 아름다움이 중요한 것은 인간에게 선을 가르치기 때문이다. 하지만 우리에게는 아름다움이 세계의 수수께끼는 물론이요 우리 자신의 수수께끼를 기쁜 마음으로 끌어안으라고 가르치기에 중요하다. 그런데 사랑은 아름다움이 우리에게 가르쳐주는 것처럼 간단치 않다.

우리는 때로 소유욕에 눈이 어두워 상대를 제대로 사랑하지 못한다. '내 사랑'이라는 표현에서 단적으로 드러나듯이 타인을 소유하려 들지 않고 사랑하기는, 내가 사랑해주는 대가로 나만을 사랑해달라고 요구하지 않고 사랑하기는 쉽지 않다. 마르크는 정신분석 치료를 받으면서 자신이 얼마나 전처를 소유하려고 들었는가를 깨달았다. 결국 그 소유욕 때문에 그는 다른 여자들을 유혹하며 자신을 안심시키고자 했다. 역설적이지만, 그는 아내가 자기에게서 달아날 것이 두려워 상대를 유혹하는 자신의 능력을 끊임없이 확인하려고 했던 것이다.

아름다움은 소유물이 될 수 없다. 감히 누가 그 코르시카 만이 '나만의 것'이라고, 저물녘 햇살이 가장 아름답게 빛날 때 그 해변이 나에게만 속한다고 말할 수 있겠는가? 뤼시는 바흐의 「넉 대의 피아노를 위한 협주곡」이 그녀만의 것이라거나, 그 아름다움이 그녀를 위해 존재한다거나, 오직 한 사람만을 위한 것이라고는 상상하지 않을 것이다. 그것이 바로 아름다움의 마법이다. 아름다움은 우리에게 내밀하게 말을 걸지만, 그렇다고 해서 우리가 그 아름다움을 소유한 주인이라고 느끼는 것은 아니다.

아름다움은 우리에게 소유하지 않고 사랑하는 법을 가르친다. 우리에게 속하지 않는 것, 우리에게서 달아나는 것, 수수께끼와 미지를 간직한 것을 사랑하는 것이야말로 참된 사랑이다. 그깃이 바로 아름다움이 우리를 흔들어 깨울 때마다 우리에게 일깨

에드바르 뭉크, 절규

위주는 교훈이다.

사랑하는 대상을 소유하고 싶어 하는 것은 인간의 본성에 가깝다. 남자가 여자를 손에 넣어야 할 전리품으로 생각할 때 가장 열렬히 사랑하는 것만 봐도 그렇다. 하지만 우리는 아름다움을 돈으로 살 수도 없고, 아무도 아름다움을 소유할 수 없다. 그것이 몇몇 예술작품이 기록적인 가격—뭉크의 「절규」 시리즈 가운데 한 작품이 1억 2천만 달러, 자코메티의 조각상 한 점이 1억 2백만 달러—에 거래되는 진짜 이유다. 그리고 그 액수야말로 예술에는 가격이 매겨질 수 없고 그 가치는 이루 헤아릴 수 없다는 것을, 아름다움은 누구의 소유물도 될 수 없음을 역설적으로 보여준다. 그렇다면 결국 그 터무니없는 액수는 누군가가 값을 매길 수 없는 것을 소유하기 위해 쏟아부은 부질없는 노력의 규모를 말해줄 뿐이다. 그러거나 말거나 절규는 계속해서 온 세상에 울려 퍼질 것이고, 들을 줄 아는 귀에, 볼 줄 아는 눈에, 달아나는 아름다움을 사랑할 줄 아는 모든 이에게 가 닿을 것이다. 이는 그 그림의 구매자는 물론이요 우리 모두에게도 가혹한 진실이 아닐 수 없다. 소중한 대상을 소유하고 싶어 하는 것은 우리 본성이며, 소유욕이야말로 우리가 앞서 말했듯이 억압의 대상인 원초적 충동 가운데 하나이기 때문이다. 프로이트가 미적 쾌락이 억압된 원초적 충동을 성공적으로 승화한 결과이며 미적 쾌락을 느끼는 동안 성적이지 않은 방식으로 억압된 성욕을 충족할 수 있다고 했듯이, 우리는 대상을 바라볼 때 아무것도 소유하지 않고도 억압된 소유욕을 충족할 수 있다.

이를테면 노르망디 해안 절벽의 아름다움이나 「절규」의 보편적이

알베르토 자코메티, 세 명의 걷는 사람

면서도 가슴을 찢는 아름다움에 사로잡힐 때 우리는 그 아름다움이 절대 우리의 것이 될 수 없음을 똑똑히 느낀다. 그래도 사랑하는 마음에는 변함없고, 심지어 우리가 소유하지 못했기에 더 열렬히 사랑한다. 그런 사랑이야말로 진정한 사랑이다. 장-뤽 낭시가 말하듯이 "사랑은 영원히 완벽한 미지로 남을 누군가에게 자신을 주는 것이다." 그것이 바로 마르크가 우연히 생퇴스타슈 성당에 들어갔을 때 깨달은 것이기도 하다. 갑자기 곡이 울려 퍼지기 시작하는데, 그는 그 곡을 이해할 수도 없었고 이해하려고 애쓰지도 않았다. 그 곡은 그를 위해 연주된 것도 아니었고 그의 전유물도 아니었지만, 그는 그 곡이 미칠 듯이 좋았다. 마치 그 즉흥 연주의 아름다움이 그에게 사랑의 진실을 속삭여준 것만 같았다.

아름다움은 이해하지 않고 사랑하는 법을 가르쳐주고, 소유하지 않고 사랑하는 법을 가르쳐준다. 아름다움은 우리가 반사적으로 지식인이나 소유주로서 행동하지 않게 하고, 소유욕과 편협한 합리주의에서, 대상을 정복하겠다는 강박관념에서 우리를 해방한다. 오늘날은 상대주의 시대지만, 아름다움은 우리 영혼의 깊은 곳에서 타인들과 함께 나누고 싶어 하는 절대적인 욕망이 꿈틀거리고 있음을 일깨운다. 오늘날은 현실주의 시대지만, 아름다움은 경이로운 것들의 존재를 우리에게 일깨운다. 오늘날은 무감각의 시대지만, 아름다움만은 건재하다. 아름다움은 곳곳에 나타나 우리를 사로잡고, 냉소하지 말고 경탄하라고 부추긴다. 아름다움은 우리를 치유하고 단련하며, 존재하는 것 그대로를 사랑할 힘과 존재할지도 모를 무언가를 희망할 힘을 준다. 아름다움은 우리가 점점 이방인이 되어가는 이 세상에서 살아가는 법을 가르쳐준다. 아름다움은 다시 우리를 세계로, 삶으로, 우리 자신에게로, 타인에게로 돌아가게 하고, 실존할 능력을 회복해 준다. 아름다움은 우리에게 그토록 많이 주고 그토록 조금밖에 바라지 않는다. 그저 눈을 뜨고 바라봐주기만을 바란다.

뤼시와 남편은 아들의 피아노 공연을 보러 왔다. 아들의 피아노 선생은 해마다 6월 초에 제자들을 모아 자기 집에서 조촐하게 연주회를 열어왔다. 청중은 제자들의 가족과 친지, 옛 제자들이고, 클래식, 재즈, 살사 등 다채로운 연주로 분위기는 화기애애하다. 제자들은 네 살에서 여든네 살까지 각양각색이다. 손님들이 상세르 백포도주와 분홍빛 포도주를 마시며 연주를 즐기는 동안 선생님은 드럼 반주를 맡는다. 뤼시의 아들은 6년째 그에게 수업을 받아왔고 즉흥 연주에 소질이 있다. 소년은 공연의 맨 마지막 차례로 등장할 예정이다. 뤼시와 남편은 이리로 오는 길에 차 안에서 말다툼을 했다. 서로 상처 주는 말을 하고는 곧바로 후회했고, 두 사람은 입을 다물어버렸다. 연주자 가운데 어린 학생들이 나와서 차례로 피아노를 연주하는 사이에 뤼시 부부는 플라스틱 술잔을 손에 든 채 삶을 되돌아본다. 비록 그들은 상대의 머릿속을 들여다볼 수 없지만, 두 사람의 생각은 비슷한 방향으로 흘러간다. 해결책이 하나 떠오르지만, 이내 불가능의 벽이 우뚝 가로막아선다. 뤼시는 한때 두 사람을 뜨겁게 달궜던 열정이 되돌아오는 상상을 한다. 그녀는 자크 브렐의 노래를 떠올린다. '때로 불길이 솟아오르기도 하잖아요/ 모두가 잠든 지 오래라고 생각했던 휴화산에서.' 하지만 뤼시는 이제 그런 일은 불가능하다고 생각한다. 물론 예외가 없지는 않겠지만, 그들에게는 불가능하다. 그래서 더 끔찍하다. 그때 뤼시의 남편은 사장에게 회사를 그만두겠다고 말하는 상황을 상상하고 있다. 그는 친구들에 둘러싸여 축하받으며 뤼시에게 드디어 함께 외국으로 가게 되었다는 희소식을 알린다… 하지만 그는 순식간에 현실로 되돌아온다. 그가 그런 결정을 내리는 일은 결코 없을 것이다. 그러는 사이 열댓 살쯤 된 소녀가 에릭 사티의「그노시엔」1악장을 연주한다. 후딱 피아노 연습을 해치우고 싶은 사람처럼 너무 빠르게 피아노 건반을 두드린다. 연주자 자신이 조금도 담겨 있지 않은 연주다. 뤼시의 남편 옆에 잠자코 서 있는 남자는 바로 마르크다. 그는 여동생의 연주를 들으러 왔다. 뤼시 부부와 마르크는 서로 모르는 사이다. 마르크도 골똘히 생각에 잠겨 있다. 그는 정신분석 치료를 받아온 지난 몇 년을 되돌아본다. 정확히 몇 년째더라? 차라리 모르는 편이 낫다. 치료 효과는 미미하다. 전혀 없다고는 할 수 없지만, 있다고 하기에는 너무 미미하다. 그는 갑자기 피로를 느낀다. 마르크도 무언가 벽 같은 것이 행복의 가능성을 가로막고 있음을 느낀다. 소녀는 이제 막「그노시엔」1악장을 대충 끝냈다. 이제 일어서서 다음 학생에게 자리를 내줄 참이다. 참석자들 모두 이번에는 조금 더 열의 있는 학생의 연주를 듣고 싶다고 생각한다. 하지만 소녀는 꼼짝도 하지 않고 자리에 그대로 앉아 있다. 소녀는 선생님을 한 번 바라보고는 손가락을 다시 피아노 건반에 얹는다. 소녀는「그노시엔」의 다른 악장을 치기 시작한다. 이번에는 3악장이다. 조금 전보다 더 능숙하게 저음부의 화음을 연주하는 소녀의 오른손이 빠르게 건반 위를 누빈다. 아까와는 전혀 다른 사람이 된 것 같다. 상체의 움직임마저 이전보다 훨씬 더 아름답다. 소녀는 온 마음으로, 두 손만이 아니라 온몸으로 연주한다. 춤추는 움직이는 소녀의 발놀림도 활발하다. 페달을 오르내리는 소녀의 발은 약음기를 가지고 놀면서 연주에 적절한 효과를 더한다…. 이제 모든 것이 달라졌다. 사티의 혼이 소녀에게 깃든 듯하다. 소녀의 오른손이 한없이 섬세하게 건반 위를 움직이는 동안 「그노시엔」의 선율이 실내를 가득 채우고, 단조의 우수 어린 아름다움을 오롯이 표현하며 울려 퍼진다. 뤼시 부부와 마르크는 마치 벽이 무너지는 현장을 지켜보는 사람들처럼 홀린 듯이 연주하는 소녀를 바라본다. 이 순간, 모든 것이 다시 가능해진다.

이 책은 '철학 하는 화요일' 강연과 경영발전협회의 기업 총수들을 상대로 진행한 강연 덕분에 태어날 수 있었다.

나는 이 강의에서 한 학기 동안 "왜 아름다움은 그토록 우리를 매혹하는가?"라는 질문에 대한 대답을 중점적으로 다루었다. 수업에서 만난 열정적이고 엄격한 청중에게, 그들의 탁월한 경청 능력과 집요한 질문 공세에 감사한다.

나는 4년 남짓 매달 경영발전협회의 경영자들을 만나 "아름다움과 결정, 결정의 아름다움"이라는 주제로 그들의 가치관과 실천, 그들이 살아가는 시대에 대해 질문을 던지곤 했다. 내게 새로운 사실을 알려주고 내 의견에 반론을 펼쳐준 회원들에게 고마움을 전한다. 특히 각자가 경험한 미적 감동의 일화를 들려줘 고맙다.

뜨거운 열의와 심미가다운 심세함으로 이 책을 편집한 앙투안 카로에게도 고마움을 전한다.

수수께끼의 의미를 알려주고, 하얀 서핑보드를 선물해준 잔 팔라레스에게도 고맙다. 그것이 나를 이 책의 마지막을 장식하는 네 번째 단계로 인도했다.

필리프 나시프에게 감사한다. 그동안 심미적 삶에 대해 주고받은 모든 이야기, 탁월한 지혜, 리듬에 대한 탁견의 도움이 컸다.

지난 20년간 아름다움과 스노비즘, 미적 쾌락과 취향에 대해 나와 끈질기게 논쟁해준 기욤 알라리에게도 고맙다. 그의 주장을 논박하느라 무기를 갈고 닦으며 20년을 보냈다고 해도 과언이 아니다.

마지막으로, 나의 아이들, 빅토리아, 마르셀, 조지아에게 사랑을 전한다. 뒷날 그들이 이 책을 읽는다면, 어쩌면 매일 저녁 아빠가 잠들기 전에 들려주던 이야기를 기억할지도 모르겠다. 두 마리 새끼 오리가 그들이 사는 연못의 아름다움에 대해 토론하는 이야기를.

아름다움이 우리를 구원할 때

1판 1쇄 발행일 2016년 2월 29일
1판 3쇄 발행일 2021년 4월 30일
지은이 | 샤를 페팽
옮긴이 | 양혜진
펴낸이 | 김문영
교   정 | 양지연
펴낸곳 | 이숲
등록 | 2008년 3월 28일 제301-2008-086호
주소 | 경기도 파주시 책향기로 320, 2-206
전화 | 02-2235-5580
팩스 | 02-6442-5581
홈페이지 | http://www.esoope.com
페이스북 | http://www.facebook.com/EsoopPublishing
Email | esoope@naver.com
ISBN | 979-11-86921-06-7 03160
© 이숲, 2016-2021, printed in Korea.

▶ 이 책에 사용된 도판 가운데 미처 확인되지 않은 도판의 저작권을 보유하신 분은 이숲 출판사로 문의해주시기 바랍니다.
▶ 이 도서의 국립중앙도서관 출판시도서목록(CIP)은 e-CIP홈페이지(http://www.nl.go.kr/ecip)와 국가자료공동목록시
스템(http://www.nl.go.kr/kolisnet)에서 이용하실 수 있습니다.(CIP제어번호 : CIP2016003064)